保育者・小学校教諭を
目指す学生のための

ワークで学ぶ
教育原理

柳井郁子/長島万里子
編著

ミネルヴァ書房

は じ め に

　皆さんは，「教育原理」という科目にどのようなイメージをもっていますか。教育思想や歴史を学ぶことを通して「教育とは何か」という，文字通り原理的な分野を扱うこの科目に対して，「難しそう」「堅苦しい」といった印象をもっている人も少なくないのではないでしょうか。しかし，保育者や教育者を目指す皆さんにとって，「教育とは何か」という問い，それはつきつめれば「人間とは何か」という問いにまで深まりますが，そうした問いを常に心にとどめながら自らの保育観・教育観を豊かにし，広い視野と多角的な視点をもつ実践者になることは大切なことです。

　本書は，保育者や小学校教諭になることを目指す学生向けに書かれた「教育原理」のテキストです。これまでの「教育原理」のテキストは，中高の教員免許取得を目指す学生向けに書かれたものが多く，それらは内容的に中学校や高校での教育実践を想定したものとなっていました。保育者や小学校教諭になる皆さん向けのテキストを作りたいという思いから本書の企画はスタートしました。同じ思いをもつ保育者あるいは小学校教諭の養成課程をもつ養成校の教員が集まり，それぞれの専門分野の知識を活かして，今，保育者や小学校教諭を目指す皆さんに学んでほしいことをまとめました。

　2023（令和5）年にはこども家庭庁が創設され，同時にこども基本法が施行されました。そこでは，「こどもまんなか社会」実現のために社会全体で子どもの視点に立って継続的かつ包括的な取り組みをすることが目指されています。ここにおいて，保育者が果たす役割はいっそう重要性が増し，社会からの期待は大きくなっています。それに応えるべく，保育者は子どもの育ちに関する深い見識をもち，専門性を高めることが求められています。「教育原理」での学びは，教育や保育の成り立ちや思想について広く学ぶものであり，保育者としての学びの基盤となるものです。ぜひ主体的な学びをしてほしいと思います。

　本書の特長は次の2点です。まず一つ目に，上記に述べたように保育者や小学校教諭を目指す学生向けの内容になっており，乳幼児期から児童期までをつながりとしてとらえる視点から，教育とは何か，学校とは，そして学ぶとはどのようなことかについて，考えるためのテキストになっています。そして二つ目に，ワークを取り入れ，自分であるいは仲間と考えながら学ぶ形式になっています。それぞれの章末にワークが付されており，章で学んでほしいことや考えてほしいことをワーク形式にしています。また，巻末には理解を深めるための確認問題を配しています。これらのワークに取り組むことにより，主体的に学ぶことや知識の定着が促されることをねらいとしています。

　本書の編集方針として，これから保育者や小学校教諭になる皆さんに，この仕事のおもしろさや奥深さを感じてほしいというねらいを執筆者一同で共有しました。それぞれの章

i

では，様々なアプローチで幼児教育や児童期の教育をとらえ，保育者や小学校教諭の役割及び仕事の意義を伝えています。本書を通して，皆さんの保育や教育に対する見方や考え方が豊かになり，多くの気づきが得られることを願っています。

2024年11月

編著者　柳井郁子

目　次

はじめに

序　章　保育者・教師になるための「教育原理」の学び……i

1　「先生になる」ということ……i

2　教育原理を学ぶ意味……2

1　自分の教育観を乗り越える……2

2　自分の教育観を相対化させる……3

【Work 序】

3　「思考の道具」を得る……4

3　新たな世界と出会うための教育原理……5

1　「メディア」という概念……5

2　「メディア」という概念で子どもを観察する……6

4　教育と社会の繋がりを学ぶ教育原理……9

1　時代の変化と教育……9

2　多様な場を繋ぐ保育者・教師……10

第Ⅰ部　教育の意義と目的

第1章　教育とは何か……14

1　人間の特性と教育……14

1　人間の特性……14

2　教えること・援助すること・認めること……15

2　教育の概念と教育の誕生……16

1　教育という概念と教化・形成……16

iii

2　共同体の子育てから学校教育・家庭教育へ………………………………17

　3　人間の発達と環境………………………………………………………18

　4　教育の目的………………………………………………………………20

【Work 1】

第2章　学校とは何か………………………………………………………25

　1　日本における学校の成り立ち…………………………………………25

　2　学校が直面する課題……………………………………………………26

　3　これからの学校が果たすべき役割……………………………………27

　　1　教育と学校の語源………………………………………………………27

　　2　これからの学校教育……………………………………………………27

　　3　「個別最適な学び」とは
　　　──学びづらさのある子どもたちから学んだこと………………………28

【Work 2】

第3章　魅力ある保育者・教師とは何か…………………………………32

　1　保育者・教師になるということ………………………………………32

　　1　私は保育者・教師になれるだろうか，という不安…………………32

　　2　保育者や教師が持つ「職人」としての姿と「専門家」としての姿……33

　2　「職人（craftsman）」としての保育者・教師の姿…………………35

　　1　相手をひとりの人間として尊重する…………………………………35

　　2　相手の内面を理解しようとする………………………………………36

　　3　相手と同じ目線に立つ…………………………………………………36

　3　「専門家（professional）」としての保育者・教師の姿……………37

　　1　自らの実践を確かな目で見る…………………………………………38

　　2　自らの実践の哲学を持つ………………………………………………38

　　3　自らを生かす……………………………………………………………39

　4　魅力ある保育者・教師になるために…………………………………41

【Work 3】

第4章 「学び」について考える································44

1 「学び」について································44

2 今，求められる能力とは································44

1 社会で生きていくために必要な能力とその背景································44

2 「21世紀型能力」について································47

3 「学び」について考える································49

1 発達の最近接領域································49

2 相互作用から生まれる「学び」································51

4 保育者や教師の役割································52

【Work 4】

第Ⅱ部 教育の思想と歴史

第5章 西洋の教育思想································56

1 教育のとらえ方································56

1 ソクラテス································56

2 ヨハネス・アモス・コメニウス································57

2 子どものとらえ方································58

1 ジョン・ロック································58

2 ジャン＝ジャック・ルソー································58

3 ヨハン・ハインリヒ・ペスタロッチ································59

4 フリードリヒ・フレーベル································60

5 エレン・ケイ································61

3 学校の成立と教育思想································61

1 ジョン・デューイ································62

2 マリア・モンテッソーリ································63

4 子どもの発達と教育思想································63

1	ジャン・ピアジェ	64
2	アドルフ・ポルトマン	64

5　教育思想を理解することの意義 65

【Work 5】

第6章　日本の教育思想 67

1　近代以前の日本における教育のとらえ方 67

1	中江藤樹	68
2	貝原益軒	68

2　日本の近代における教育のとらえ方 69

1	福沢諭吉	69
2	伊沢修二	70
3	松野クララ	70
4	倉橋惣三	71
5	城戸幡太郎	72

3　近代以降の教育の新たな考え方 73

1	日本における新教育運動	73
2	芸術教育	74

4　教育思想を理解することの意義 75

【Work 6】

第7章　近代公教育制度の成立と展開 77

1　幕末期の教育機関 77

2　近代公教育制度の成立 78

1	「学制」の公布	78
2	「学制」期の学校教育	78
3	教育令の公布と改正	79

3　教育制度の拡充と展開 79

	1	「学校令」と就学率の上昇 ……………………………………79
	2	教育勅語体制 …………………………………………………80
	3	教科書制度の変遷 ……………………………………………81

4 大正期の教育 ……………………………………………………82

| | 1 | 大正期の新教育運動 …………………………………………82 |
| | 2 | 教育制度の拡充 ………………………………………………83 |

5 戦時下の教育 ……………………………………………………84

【Work 7-1】【Work 7-2】

第8章 戦後における学校教育の展開 ……………………87

1 戦後の教育改革 …………………………………………………87

	1	戦時下の教育の否定から教育改革へ ………………………87
	2	日本国憲法と教育基本法の制定 ……………………………88
	3	新しい教育制度の整備 ………………………………………89

2 戦後教育改革からの転換 ………………………………………91

3 高度経済成長期の教育 …………………………………………92

4 新しい時代の到来と教育改革 …………………………………93

	1	中央教育審議会四十六年答申と臨時教育会議 ……………93
	2	平成期の教育改革①──新たな学校像・学力観の模索 ……………94
	3	平成期の教育改革②──教育基本法改正 …………………95
	4	少子化時代の到来と保育政策の展開 ………………………95
	5	令和期の教育改革──「日本型学校教育」の模索 ………………96

【Work 8-1】【Work 8-2】

第Ⅲ部　教育の環境と現状

第9章　遊びと学び──幼児期から児童期へ……………… 100

1　幼稚園と小学校での子どもの姿……………… 100

【Work 9-1】

2　幼児教育を行う場としての幼稚園，保育所，幼保連携型認定こども園……………… 101

3　幼児期の教育の基本……………… 102

- 1　環境を通して行う教育……………… 102
- 2　幼児期にふさわしい生活の展開……………… 103
- 3　一人ひとりの発達の特性に応じた指導……………… 104

4　幼児にとっての遊びとは──遊びを通しての総合的な指導……………… 105

5　幼児期から児童期へ……………… 106

【Work 9-2】

第10章　子どもの権利と教育・保育……………… 112

1　子どもの権利条約とは何か……………… 112

- 1　子どもの権利条約の基本……………… 112
- 2　子どもの権利の歴史……………… 114

2　子どもの権利条約における新しい子ども観……………… 115

- 1　子ども観の変化……………… 115
- 2　子どもの意見表明権……………… 116
- 3　子どもの最善の利益……………… 117

3　子どもの権利と教育・保育における課題……………… 118

- 1　子どもの権利を尊重した小学校以降の教育……………… 118
- 2　子どもの権利を尊重した保育……………… 118
- 3　小学生と考える子どもの権利……………… 119

【Work 10】

第11章　社会教育と生涯学習 ……………………………………………… 121

1　生涯学習（生涯教育）論の経緯 …………………………………………… 121

- 1　ラングランの生涯教育論………………………………………………… 121
- 2　フォール報告書 ………………………………………………………… 122
- 3　生涯学習論の多様な展開………………………………………………… 122
- 4　強調される成人学習及び成人教育 …………………………………… 123

2　社会教育と国内の生涯学習政策 …………………………………………… 124

- 1　社会教育とは何か………………………………………………………… 124
- 2　国内の生涯学習政策 …………………………………………………… 125
- 3　知の循環型社会を目指す生涯学習 …………………………………… 126
- 4　地域づくり・地域課題解決のための生涯学習・社会教育,
  そして今後の課題…………………………………………………………… 127

3　成人学習論と専門職としての保育者・教師の成長 ……………… 128

- 1　成人教育とアンドラゴジー …………………………………………… 128
- 2　成人学習論と省察的実践 ……………………………………………… 129

【Work 11】

第Ⅳ部　新しい教育の展開

第12章　世界の教育・保育 ………………………………………………… 134

1　世界各国の教育・保育 ……………………………………………………… 134

- 1　日本………………………………………………………………………… 134
- 2　アメリカ………………………………………………………………… 135
- 3　イギリス（イングランド）…………………………………………… 137
- 4　フランス………………………………………………………………… 139
- 5　ドイツ…………………………………………………………………… 139
- 6　中国……………………………………………………………………… 142
- 7　韓国……………………………………………………………………… 142

ix

2 世界の教育・保育において共通する課題
「質の維持と向上」……………………………………………… 144

　1 教育・保育の質の維持と向上……………………………… 145

　2 教育・保育の質の維持と向上のための国際調査と日本への示唆……… 146

【Work 12】

第13章　新しい教育・保育の課題と保育者・教師…… 150

1 少子化社会の教育・保育……………………………………… 150

2 多文化共生社会の教育・保育……………………………… 152

3 幼保小連携・接続と保育者・教師の関わり……………… 154

【Work 13】

理解を深める確認問題　159

解答・解説　167

おわりに　177

索　引　179

序　章

保育者・教師になるための「教育原理」の学び

　本章では，「教育を受ける側」だった皆さんが，「教育をする側」になるにあたり，「先生になる」とはどういうことかを考えます。「教育原理」では15回の授業のなかで，教育の理念や教育の歴史と思想，教育制度や子どもの権利，社会教育と生涯学習，世界の教育・保育といった教育にまつわる基礎的な事項を学びますが，ここではこのような知識や概念を学ぶ意味についての理解を深めます。

＊＊学びのポイント＊＊
① 「教育原理」を学ぶ意味について理解する。
② 「教育原理」で扱う内容が，教育を見る視点，教育実践のための資源になることを理解する。
③ 保育者・教師になるにあたり，教育と社会を結び付けて自分の考えを深めていくことの意義を理解する。

1　「先生になる」ということ

　『陽のあたる教室[1]』という映画をご存知でしょうか。この作品には，俳優のリチャード・ドレイファス扮する高校の音楽教師のグレン・ホランド先生が，ケネディ高校に着任してから退職するまでの30年間の教師人生が描かれています。作曲家を目指しながら（不本意に）高校の音楽教師になったホランド先生は，着任当初，音楽の知識・技術を教えることが自分の役割であると考え，生徒への態度はそっけないものでした。しばらくすると，ホランド先生は音楽の知識・技術が身に付いていない生徒の現実に直面します。ホランド先生は生徒へのいらだちを感じつつも，なんとか音楽を教えようと格闘を始めます。こうして努力する中，ホランド先生は，生徒たちがなぜ音楽に興味を持たないか考え，生徒の視点に立った授業を構想します。すると次第に生徒との関係も変化し，生徒たちに歓迎される教師になっていくのです。

　この作品から，先生とは，ある日突然，先生になるのではなく，先生が子どもと関わるなかで，喜びや課題に出会い，迷いや葛藤も経て，先生─子ども（幼児・児童）関係が編み直されて徐々に「先生になっていく」のだということが分かります。皆さんは，これから教職に関する授業を受けたり，教育実習を行ったりする中で，先生（保育者・教師）になるための知識や技術，先生としての振る舞いを身に付けていくことでしょう。免許や資格を取得し，専門学校・短期大学・大学を卒業したら，すぐに一人前の立派な先生になるわけではなく，ホランド先生が示して

(1)　映画『陽のあたる教室』原題 "Mr. Holland's Opus"，1995年。

I

いるように，幼児や児童との関係を丁寧に紡ぎ，遊びや授業における教材と向き合う中で，少しずつ「先生になっていく」のです。

　「母親」や「父親」になる場合にも同じことが言えそうです。赤ちゃんが生まれた瞬間に，急に立派な母親や父親になるのではなく，泣いたり笑ったりする目の前の赤ちゃんにミルクをあげたり，おむつをかえたり，あやしたり，抱っこしたりするなかで親と子の関係が紡がれていき，「親になっていく」のだと思います。ちなみに，先に挙げた『陽のあたる教室』でのホランド先生も，聴覚障害の息子にいかに音楽の楽しさを伝えるかという難題に出会い，家族との葛藤を経て，父親になっていく様子が描かれています。

2　教育原理を学ぶ意味

1　自分の教育観を乗り越える

　本書は，幼稚園教諭や保育教諭，小学校教諭の免許と保育士資格を取得する予定の人が必ず履修しなければならない必修科目のテキストです。「教育原理」では，教育の理念や教育の歴史と思想など，教育にまつわる基礎的な事柄を学びます。それではなぜ，保育者や教師を目指す学生が，「教育原理」を履修し，教育の理念や教育の歴史と思想などを学ぶのでしょうか。

　皆さんの中には，教育の理念や歴史，思想よりも，子どもとの関わり方や子どもへの教え方に関する技術やテクニック，具体的な教育実践を教えてもらう授業の方が大事だと考える人もいるかもしれません。もちろん，教育の方法や技術に関する学びも大事です。しかし，教育はマニュアル通りに進んでいきません。保育者・教師は，園や学校において，多様で日々変化する子どもたちと関わります。さらに，保育者・教師は保護者や地域と繋がっています。教育の事象は，このような多様な人たちによって織り成された複雑な関係の編み目の中で起こっています。

　他方，保育者・教師が目の前の子どもに対してどのような教育を行うかは，自分自身の教育観に左右されます。私たちは，子どもや教育の事象を理解しようとするとき，まずは自分の経験から出発します。しかし，自分の経験だけでものごとを理解しようとすると，偏った見方で決めつけてしまったり，誤解やずれが生じたりします。だからこそ，子どもに対して責任をもって教育をするために，保育者・教師といった専門家は教育に関する基本事項をおさえておく必要があります。

序　章　保育者・教師になるための「教育原理」の学び

　そこで，保育者・教師という職業に就く予定の人は，教育とは何か，教育とはどのような営みなのか，人々は子どもをどのように捉えているのか，保育者・教師とはどのような存在か，教育を施すとはどのようなことなのか，といった教育や子どもに関する根源的な問いを立てながら，考え，学ぶことが不可欠です。同時に，様々な実践的な経験，過去の教育の出来事や考え方，他の国の教育などを通して，自分の教育観が唯一絶対ではないということを知ること（自分の教育観を相対化させること），そして，これまでの自分の教育観を乗り越えることが必要になってきます。

2　自分の教育観を相対化させる

　学校教育や家庭教育に関する自分の経験や考え方が唯一絶対ではないということを知るために，誰かと一緒に，もしくはクラスの皆で，次のWorkをやってみましょう。

【Work 序】

1　まず，一人ひとり「教育」という言葉から思いつくことをどんどん書き出してください。
　　単語でも，文章でもいいです。

2　書き出したら，それを周りの人たちと見せ合ってください。自分が書いたものと一致する
　　ものもあれば，自分は書いていなかったものもあるでしょう。自分は書いていないものの中
　　には，「ああそうだ，それもあるね」と納得するものもあれば，「自分はそうは思わない」と
　　ズレを感じるものもあることでしょう。

3　次に，一人ひとりが，もしくは周囲の人たちと一緒に，「教育とは，……が，……である」
　　という文章で，教育の定義を作ってみてください。そして，なぜそのような定義にしたのか，
　　その理由を書いてみてください。さて，どんな理由でどんな定義になるでしょうか。
　　定義：

　　理由：

3

4　最後に，教育の定義を作ったら，周りにいる人たちと読み合ってみてください。周りの人は，どんな理由でどんな定義を作っているでしょうか。自分の定義と似ている内容の場合もあれば，まったく別の定義である場合もあると思います。定義は似ているけど理由が異なる，またはその逆もあるかもしれません。

　「教育」という言葉から思いつく言葉を書き出し，理由を基に教育の定義を作る作業は，多かれ少なかれ，自分自身の経験に基づいています。一人ひとりの経験は異なるため，いま作成した教育の定義も一人ひとり異なっているはずです。皆さんが作った定義に一つも間違いはありません。まずは自分の経験から出発したその定義を大切にしてほしいのですが，新たな視点を付け加えたり，変容させたりすることも大切です。本書の最終章を学ぶ頃には，いま，あなたが作った教育の定義が全く違うものになっているかもしれません。

3　「思考の道具」を得る

　先ほど述べたように，私たちは誰もが教育を経験しているので，自分の経験をもとに教育について語り，意見を言うことができます。その一方で，教育に関する基本的な事柄については知らないことが意外にも多いと思います。例えば，「学校」はこの世界に（もしくは日本に），いつ頃，なぜ，誕生したのでしょうか。「学校教育」はどのようなプロセスを経て，現在のような形態になったのでしょうか。そもそも「教育」や"education"という言葉はどのような意味だったのでしょうか。

　教育に関する知識を学ぶことは単に「暗記（知識の所有）」をすればよいというわけではありません。教育社会学が専門の越智康詞は，知識や概念を，「それ自体に価値があるもの」としてではなく，「特定の状況の中で活用する」ことで意味を持つ「道具」のような存在だと論じています[2]。つまり，「教育原理」で学ぶ教育の基本的な知識や概念は，教育を捉える上で有効に働く「思考の道具」になり得るのです。それはどういうことでしょうか。例えば，「教育原理」で学ぶ知識や概念は，はさみやコンパスのようなものです。はさみやコンパスは，道具箱に入ったまま使うことがなければただのモノですが，あなたが具体的な状況においてうまく使いこなせたときに，ようやく，あなたにとっての「道具」となるのです。同様に，「教育原理」で学ぶ知識や概念を，自分の経験や教育実践，実際の子どもの姿や具体的な状況などと結びつけて，教育の出来事を考えることができたとしたら，知識や概念はあなたの「思考の道具」になったと言えるでしょう。そのためには，教育に関する問いを

(2)　越智康詞「『臨床の知』とは何か」森下孟・青木一編『教師をめざす人のための　臨床経験の理論と実践「臨床の知」が拓く教員養成課程』北大路書房，2023年，p.9。

持ちながら，教育の基本的な知識や概念について学ぶことが必要です。その時，実践的な深い学びとなり，これまでの自分の教育観を乗り越えて，新たな教育の世界と出会うことができるのではないでしょうか。

3　新たな世界と出会うための教育原理

1　「メディア」という概念

　ここで，ヒトと道具のより複雑な関係を浮き彫りにする概念として，「メディア」という概念を紹介します。

　「メディア」といえば，テレビや新聞，雑誌，インターネットやSNS，テレビゲームなどを思い浮かべることが多いでしょう。けれど，メディアにはもっと広い意味があります。メディアに対応するラテン語"medium"は，「中間にあるもの」という意味で使用され，作用者と被作用者を結びつける道具や手段を意味していました。例えば，子どもは，ボールや絵の具，絵本や教科書，草花や動物，友達や先生などを媒介にして，世界を広げていきます。子どもの身近にあるモノやヒトは，子どもと世界をつなぐメディアで，子どもはそれぞれの「メディア」を媒介として，新たな意味を生み出したり，新たな世界と出会ったりして，世界を広げていくのです。越智は「間に置かれた媒体の力で，その両端（人間や対象・世界）が変質する」と論じています。子どもは，遊びを通してつながりますが，それがどのようなタイプ（個別・協力・競争）の遊びであるかで，子ども同士の関係の在り方も変わってくるのです。

　先述した映画『陽のあたる教室』には，ホランド先生と生徒との関係の変化，そして，ホランド先生の音楽に対する考え方の変容が描かれています。そこで，「メディア」という視点を使って映画『陽のあたる教室』に目を向けてみると，音楽への情熱がホランド先生と生徒をつなぐ「メディア」になっていることが分かります。生徒に音楽の素晴らしさを理解してほしいというホランド先生の思いが，生徒たちとの関係や教師観を変えていったのです。教師とは生徒に知識や技能を教えるだけの存在ではなく，夢や希望，情熱をも教えうる存在である，という変化が連動して生じています。同時に，ホランド先生と生徒たちとの関わりがメディアになって音楽との関係の変容が生じています。生徒たちに音楽を伝えたいというホランド先生の思いが，ホランド先生自身の音楽観を広げていきました。ホランド先生は，生徒に知識や技術を教えること，そして優れた作品をつくることだけが音楽ではなく，音を共に奏で音楽自体を楽しむことの大切さ，生徒の人生に色彩や意味を与えるというこ

（3）今井康雄「メディア」教育思想史学会編『教育思想事典』勁草書房，p. 671。

（4）越智康詞「デジタル革命と知の教育の現在──メディア論的視点からのアプローチ」油布佐和子編『教育と社会』学文社，2021年，p. 34。

とに気付いたのです。

「教育原理」で扱う内容も，教育を見る視点，実践のための教材が豊かになる「メディア」になり得ます。教育に関する知識や概念は，知っていることが増えていくといった単なる知識というより，知識を通して，教育や子どもの見え方が変わっていく「道具＝メディア」となります。例えば，「成績が低下」してきた子どもを前に，家庭環境による格差やヤングケアラー，障害などについての知識があれば，「勉強もせずに怠けている子ども」とは異なる別の見方ができるようになるのです。あなたが得たたくさんの知識や概念＝メディア（道具）が，世界への見方を変えて，世界をどんどん広げていくことでしょう。

2 「メディア」という概念で子どもを観察する

「メディア」という概念は，子どもの行動を観察する道具としても使うことができます。そこで，本節では，具体的な実践事例を基に，子どもがメディアを媒介として，自分の経験を乗り越え，世界を広げていった様子を見ていきましょう。

ここで紹介するのは，長野県の「地方裁量型認定こども園NPO法人山の遊び舎はらぺこ」（以下，「山の遊び舎はらぺこ」）の園長である小林成親先生が記録したブルーベリーにまつわる実践事例です（事例 序−1）。「山の遊び舎はらぺこ」の園舎の周りには，ブルーベリーの木がたくさん植わっています。そのため，「山の遊び舎はらぺこ」の子どもたちにとって，ブルーベリーとは，園庭のブルーベリーの木から自分たちで実を摘んで生のまま食べるものでした。そのブルーベリーを「メディア」と捉えて小林先生の事例を読むと，子どもにとっての＜ブルーベリーの意味の変容＞と＜子どもの新たな関係性の構築＞の相互媒介関係を見て取ることができます。

事例 序−1　摘んで食べるブルーベリー

「山の遊び舎はらぺこ」の敷地にはブルーベリーの木が多数植えてあります。毎年初夏にはこのブルーベリーの実を巡って子どもたちが心躍らせますが，今年度は特に大量に実ができて幸せな時間を過ごすことができました。

例年だと，子どもたちは熟した実をすぐに食べつくしてしまい，まだ熟していない硬い実までも口にしたりすることがありますが，今年は食べても食べても熟した実が次から次へとなります。子どもたちは食べきれない実を袋に入れはじめ，大量の実を家に持ち帰ることも多くなってきました。

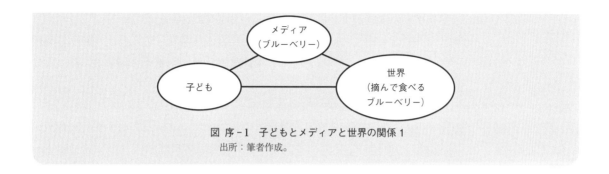

図 序-1 子どもとメディアと世界の関係1
出所：筆者作成。

　この時点でのブルーベリーは，摘んで食べたり持ち帰ったりする対象です。つまり，子どもはブルーベリーというメディアとつながったことで，「摘んでいるブルーベリー」という世界を知ることができたのです（図 序-1）。この時点で，まだ，そこに子どもの創造的な活動や子ども同士の関係性は生まれていませんでした。
　ところがある日，3歳児のA児が持ち帰ったブルーベリーでジャムを作り，園に持ってきてみんなで味見をしたことをきっかけに，園の子どもたちにとってのブルーベリーの意味が変わっていきます（事例 序-2）。

事例 序-2　A児が作ってきたブルーベリージャム
　3歳児のA児は，家に持ち帰ったブルーベリーの実で「じゃむをつくりたい」と母親に訴え，その声に応えた母親と共に作ったブルーベリージャムをある朝，園に持ってきました。A児は恥ずかしがっていましたが，母親が「昨日ジャムにしたのでよかったらみんなで食べてみてください」というので早速みんなでいただくことになりました。あいにく，その日はジャムを付けて食べるようなものがなかったのですが，たまたまその日の活動で作っていたベイクドポテトにジャムを付けて食べることとなりました。園でブルーベリージャムを食べることは，子どもたちにとっては新鮮なことだったようで「おいしー」と好評でした。

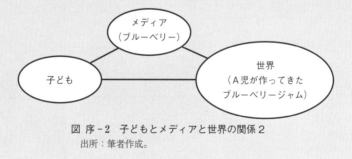

図 序-2　子どもとメディアと世界の関係2
出所：筆者作成。

　小林先生が「園でブルーベリージャムを食べることは，子どもたちにとっては新鮮なことだったよう」だと記録しているように，A児が自宅で作ってきたブルーベリージャムをみんなで一緒に食べたことで，ブルーベリーの意味が変わったのです。子どもたちにとってのブルーベ

リーの世界が少し広がったと言えます（図 序-2）。

しばらくして，4歳児のB児が「ぶるーべりーじゃむつくりたい」と保育者に申し出たことで，さらに事態は進展します（事例 序-3）。

事例 序-3　自分で作ったブルーベリージャムを味見してもらう

　それからしばらく経った頃，今度は4歳児のB児が「ぶるーべりーじゃむつくりたい」と保育者に伝えてきました。

　「山の遊び舎はらぺこ」では毎日焚火を炊き，子どもはその火を使って遊んでいます。水や葉っぱ，泥団子を入れた鍋を火にかけて料理ごっこをすることもよくあることですが，この時は保育者がB児に確認をすると「ほんとうにたべたい」とのことだったので，実際に調理するための鍋を用意しました。B児はその鍋にブルーベリーを入れて焚火の火にかけました。

　時間が足りず，出来上がりとした時にもブルーベリーの実がまだしっかり残っており，ジャムになりきっていない状態でした。それでもB児は「みんなにあじみをしてもらいたい」と言っていたので，帰りの時間にみんなで味見をしました。

　そこから一気に子どもたちの中に「ブルーベリージャムムーブメント」が到来。自由遊びの時間には，たくさんのブルーベリーの実を収穫して鍋に入れて火にかける子どもたちが増え，その子どもたちがみんなに味見をしてもらいたいと願うので，「味見祭」かと思うほどブルーベリージャムの味をみるチャンスが増えました（写真 序-1，序-2，序-3）。

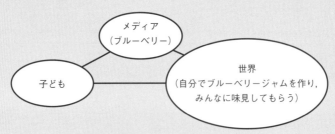

図 序-3　子どもとメディアと世界の関係3
出所：筆者作成。

写真 序-1　焚き火でブルーベリージャムを作る

写真 序-2　ぐつぐついうブルーベリージャムの様子を見る

写真 序-3　みんなでブルーベリージャムの味見をする

写真提供：地方裁量型認定こども園NPO法人山の遊び舎はらぺこ。

序　章　保育者・教師になるための「教育原理」の学び

　なんと，自由遊びの時間には子どもたちがブルーベリージャムを自分たちで作り，互いに味見をし合うという活動が始まったのです。一人で取って食べるだけの一方向の活動が，ジャム作りという調理活動，味見のし合いという協同活動へと展開したのです。

　このブルーベリーの事例には，「園庭のブルーベリーの木から実を摘んで生のまま食べるブルーベリー」から，「A児が家で作ってきたブルーベリージャム」，そして「自分で摘んだブルーベリーの実でジャムを作り，味見をしてもらうブルーベリージャム」といったように，子どもたちの世界が広がっていく様子が描かれています。さらに言えば，子どもたちには，これまでにも焚き火の上に水や葉っぱ，泥団子などを入れた鍋やフライパンを置いてままごとをするという経験はありましたが，本当に食べることができるものを自分の手で作ることができるという発見と自信は，子どもたちの世界をさらに大きく変えたことでしょう（図序 - 3）。

　同時に，ブルーベリーを媒介として，子ども同士も新たな関係になっていきます。この一連のプロセスの中で子どもたちは，「自分が作ったブルーベリージャムをみんなに味見してもらいたい」と願い，みんなで「味見」をし合いました。子どもたちの間に，「味見をしてもらう人」と「味見をする人」という新たな関係が立ち現れたのです。

　小林先生がこの一連の流れを記録していたということは，このときの子どもたちの様子に心を動かされたのだと思います。子どもとブルーベリーというメディアを通して，小林先生の子ども観や教育観も変容し，新たな保育・幼児教育の世界と出会ったのかもしれません。

4　教育と社会の繋がりを学ぶ教育原理

1　時代の変化と教育

　教育社会学者である天野郁夫は，「一人ひとりの子どもが生まれ，育っていく過程から，巨大化した教育システムの構造，さらにはそれと社会の他の諸制度との関係まで，教育について考えることは，人間と社会について考えることを意味する」と述べています。つまり教育の専門家として，教育実践や目の前の子どもについて考える時，いま，どんな社会で，どんな問題があるのか，その問題と園・学校，子どもはどんな関係にあるのか，どんな制度の下で園・学校が成り立っているのか，政治の中で教育はどのように扱われているのか，現在，人々は園・学校をどのように捉えているのか，といったように，人間と社会の営みにも目

(5)　天野郁夫編『教育への問い　現代教育学入門』東京大学出版会，1997年，pp. 4-5。

を向ける必要があるのです。教育は政治的・社会的な動きや人々の意識と密接に関わっているからです。

映画『陽のあたる教室』でも，その時代の政治や社会状況，人々の認識によって教育の在り方や音楽に対する見方が変わっていく様子，戦争や財政難などに翻弄され苦悩するホランド先生の姿が描かれています。社会の変化と共に，子どもは何を学ぶべきか，先生は子どもにどう接するのか，教育では何を重視するのか，そもそも行政は教育分野にどのくらいお金をかけるのかといったように教育の在り方も変わっていくのです。

そこで，どのような理由で教育が変化するのかなどを知ることも「教育原理」の学びになります。とはいえ，いつの時代のどんな社会においても，変えてはならないこともあります。「教育原理」は，教育において変わるべきではないことについて，自分で掘り下げて考えるための「道具」にもなります。

教育の事象は他の事象と網目のように繋がっています。そこで，保育者・教師は子どもに教育を施す者として，信念をしっかり持ちながら，教育と社会を結びつけて教育についての考えを深めていくことが大切です。

2　多様な場を繋ぐ保育者・教師

今日の日本では，教育の場というと学校や園が主流ですが，近年では，学校が機能しなくなっていることが指摘されています。例えば不登校やいじめの件数は増加傾向にあります。学童期以降の子どもに限らず，幼児が園に行き渋るケースもあります。これらの問題に対する解決の糸口はまだ見えてきていません。

そのような状況の中で，「フリースクール」「子ども食堂」「冒険遊び場」「プレーパーク」「森の幼稚園」[6]といった学校以外の子どもが集う場の重要性が高まってきており，そのような場が少しずつ創られています。保育者・教師が外へとネットワークを広げ，他の組織や場と連携するケースも増えてきました。一つの例として，ある公立の小学校と認可外の「森の幼稚園」が連携したケースを紹介します。

(6)「森の幼稚園」
現在，「森の幼稚園」や「野外保育」と呼ばれる幼児教育施設がある。これらには認可園と認可外園がある。認可外の園においても，保育者や保護者たちで創った理念を基に，丁寧な保育を営んでいる。

事例 序-4　公立小学校と認可外保育施設による子どものための連携

小学校1年生の児童Cさんは，小学校に登校できなくなった際，自分の出身園に通いたいという思いを大人たちに伝えました。すると，小学校の担任と校長先生とCさんの出身園である「森の幼稚園」の先生，そして保護者は，Cさんの想いを受け止め，話し合い，校長先生が教育委員会とやり取りをして，Cさんが出

身園に行った日は登校日として換算することになりました。

　Cさんは，出身園では「子どもスタッフ」という立場で，幼児の安全を守りながら幼児と遊び，幼児が困ったときには寄り添い，保育者と情報共有をするなど，与えられた仕事をしながら過ごしました。その間も，保護者，小学校の担任と校長先生，出身園の先生はCさんを中心に，互いに深く繋がっていました。そのうちに，Cさんは「2年生になったら学校に行く」と言いはじめ，実際に2年生になると小学校に通うようになりました。

　これは，「文部科学省が管轄する公立の小学校」と「認可外の幼児教育施設」という，一見，制度的には馴染まないようにみえる二つの機関が，子どもと保護者の想いを受け止め，連携し合った好事例です。「森の幼稚園」の園長先生は，「その子が幸せになることをあきらめないように，目の前の子どもの状況を見ながら，大人たちを巻き込んでいくことが大切。学校だけで苦しまず，いろんな場で子どもを受け止めていってほしい」と話してくださいました。

　これからの時代にふさわしい教育を施すには，子どものことを，自分たちだけで何とかしようとするのではなく，多様な人たちで子どもを受け止め，多様な場がつながり合っていくことが大切です。ぜひ，あなた自身が，今いる場を超えて，いろいろな学校や園，子どもが集う場・機関を繋いでいく存在になってください。そのためには，広い視野で「教育原理」の知識や概念を学び，子どもや教育に関する世界を広げていってください。

◆◆保育・教育現場に生かすために◆◆

　保育・教育現場では，自分自身の理解を超えた出来事に直面することが度々あります。その時，保育者・教師がその出来事をどう理解し，子どもにどう対応するかによって，子どもとの関係やその後の展開が変わってきます。そこで，子どもに対して責任を持って教育を施す者になるためには，広い視野で教育の事象を捉えることが大切です。さらに，自分の枠組みにとらわれることなく，自分の見方ややり方を変える勇気も必要です。そのような保育者・教師になるために，「教育原理」で学んだ教育に関する知識や概念を，実際の子どもの姿や教育の事象と結びつけたり，社会が直面する変化や課題を探った上で教育について考えるための道具にしたり，多様な人や場とのネットワーク作りのための資源にしたりするなどして生かしていってください。

第Ⅰ部

教育の意義と目的

第1章

教育とは何か

　教育は，人間に固有の営みです。人は，生まれてからその人生を終えるまでに，それぞれの発達段階に応じた教育を受け，人間としての様々な知識や技能を獲得し，成長を遂げます。では，なぜ教育は人間だけに見られる営為なのでしょうか。その問いを突き詰めると，「人間とは何か」という問いに辿り着きます。本章では，人間の特性について整理し，その特性を獲得するための環境がいかに大切であるかについて考えます。人間が人間として成長するために，教育がどのような役割を果たすのか，見ていきましょう。

＊＊学びのポイント＊＊
①人間の特性と，教育の役割について理解する。
②教育が誕生した歴史的背景について理解する。
③人間の発達における教育の重要性と，教育の目的について考える。

1　人間の特性と教育

1　人間の特性

　教育とは何かという問いに対して，まず自分の受けてきた学校教育を思い浮かべる人が多いかもしれません。しかし，教育とは学校教育に限定されるものではなく，一人の人間が生まれて成長する過程で発達を助成する様々な働きかけ全体をさします。また教育は，そうした一人ひとりへの働きかけであると同時に，知識や文化を次の世代に伝えその社会を維持・発展させるという役割も担っています。教育とは，とても広い概念であり，個々人にとっても社会にとってもその成り立ちに深く関わる営為であると言えます。

　そして，教育は人間にのみ見られる行為です。他の高等哺乳類には教育という営みは見られません。例えば人間に最も近い種であるとされるチンパンジーには，「教える」という行動は見られないのです。

　では，なぜ教育という行為は人間にのみ行われ，チンパンジーの世界にはないのでしょう。このことを考えるために，まず，人間とはどのような特性をもった種であるのかを見てみましょう。

　『人間はどこまでチンパンジーか？』を著した進化生物学者のジャレド・ダイアモンド（Jered Diamond 1937-）によると，チンパンジーはヒトに最も近い種であり，ヒトとチンパンジーは98.4％のDNAを共有しています。ヒトの祖先は今から約700万年前にチンパンジーの系統から分岐したとされます。現生人類が台頭するのはさらに時代を経て約6万

(1)　J.ダイアモンド，長谷川眞理子・長谷川寿一訳『人間はどこまでチンパンジーか？──人類進化の栄光と翳り』新曜社，1993年。

年前とされます。そして科学者の間では，現代的な人類が誕生し行動様式が大きく変容した要因は，複雑な話し言葉を操ることが可能になったことであるとされています。人類は言葉を獲得したことにより，他者と意思を交わすことができ，知識を次の世代に伝え，文明を発展させたり様々なものを発明したりするようになっていったのです。言葉の獲得以外にも，人間は直立二足歩行，道具の使用，火の使用，衣服の着用といった他の動物にはない人間独自の能力や生活様式を持っています。そして，こうした人間だけが持つ諸能力や生活様式は，生まれつき備わっているものではなく，人間的な環境を与えられることで時間をかけて習得するものです。

　人間は生まれた時点では，言語をはじめとした人間固有の様々な能力を持っていません。人間の新生児は生まれてすぐ話すことも立ち上がることもできません。言語の最初の段階である喃語を発することから始まって，単語を発するようになるまでには約1年の時間が必要ですし，歩き始めるのにもやはり約1年もの時間を要します。一方で，他の哺乳類はそれほどの時間を必要とせず，例えば馬の赤ちゃんは，誕生からおよそ10時間以内に立ち上がることができます。このことと関連して，比較生物学者のアドルフ・ポルトマン（Adolf Portmann 1897-1982）は，「生理的早産説」を唱えました。ポルトマンは，「人間は生後一歳になって，真の哺乳類が生まれたときに実現している発育状態に，やっとたどりつく」ことを指摘しています。つまり，人間の新生児は，他の動物に比べて未熟なままで生まれてくるのです。こうした新生児の無力な状態は，養育者の細やかなケアを必要とするものであり，一方で発達の大きな可能性を秘めた存在であるとも言えます。そしてその発達を支え励ますために，教育という営みが必要になるのです。

2　教えること・援助すること・認めること

　もう少し詳しく人間の「教える」という行為の特質を見ていきましょう。「教える」という行為は人間に特有の行動ですが，そこで行われている教える側と教えられる側との関係性や気持ちのやり取りも極めて人間的なものです。人間の赤ちゃんが初めて立てるようになる頃の母子のやり取りの場面を想像してみてください。つかまり立ちをしようとする赤ちゃんを母親は励ましたり支えたりし，立てた瞬間に赤ちゃんは母親の顔を見てうれしそうな表情を見せ，母親も「じょうずにできたね」と笑顔で言葉かけをするでしょう。こうしたやり取りも，人間に固有のものです。霊長類学者の松沢哲郎は，チンパンジーの親子の観察を通して，

(2)　アドルフ・ポルトマン，高木正孝訳『人間はどこまで動物か──新しい人間像のために』岩波書店，1961年，p.61。

第Ⅰ部　教育の意義と目的

(3)　松沢哲郎『想像するちから──チンパンジーが教えてくれた人間の心』岩波書店，2011年。

人間の教育の特徴として，①教える，②手を添える，③認める，の三つをあげています。[3]

　まず一つ目の特徴として，前述のように人間には「教える」という行為が見られますが，チンパンジーには見られません。チンパンジーに見られるのは，「教えない教育，見習う学習」です。例えば，石器を使って実を割るという動作を，チンパンジーの子どもは大人が割る様子をじっと見て学習しますが，その間，大人のチンパンジーは子どもに「教える」ということはありません。チンパンジーの子どもは，大人の手本を見て，自発的に真似ているだけなのです。そこに，「教える」という行為は認められないのです。

　また二つ目の特徴として，人間の大人は，子どもに何かを教えるときに，「手を添える」ということをします。保育の現場でいう援助や声かけも同じです。人間は，子どもを育てるにあたって，「こうやってやるんだよ」「こっちの方が上手くできるよ」「こうしてみたらどうかな」などと声かけをしたり，そっと手を添えたり支えたりします。

　さらに，人間の教育の特徴の三つ目として「認める」ということがあります。松沢によると，チンパンジーの母親は「うなずく」「微笑む」「ほめる」ということをしません。人間の親は，子どもに何かを教えるときにこうした動作を頻繁に行うことから比べると，このことは大きな違いといえるでしょう。

　以上の人間の教育の三つの特徴を考えたとき，改めて保育者や教師の果たす役割の大きさに気づかされます。意図的・計画的に子どもに「教える」，子どもができるように「手を添える」，達成できたら「認める」といった行為は，人間特有の様々な生活様式や知識・技術を身に付けなくてはならない人間の子どもの成長・発達を助ける大切な働きかけです。こうした共感的で受容的な保育者や教師の関わりが，発達を促す大きな力となるのです。

2　教育の概念と教育の誕生

1　教育という概念と教化・形成

　教育というテーマは誰にとっても身近なものであり，教育に関する様々な問題が日々報道され議論されています。例えば体罰やいじめ，不登校といった学校現場で起きる問題は教育問題として語られ，議論されます。しかし，体罰をともなう指導や子どもの主体性を奪うような教師による一方的な指導があるとすれば，それは教育といえるでしょうか。

教育という名のもとに，教育的ではない行為が行われているということはないでしょうか。教育とは，一人の人間が誕生し人格形成を遂げていくなかで一人ひとりの心身の発達状況にふさわしい援助を行い発達を支える営みです。そうした教育概念の登場の背景には，近代社会における人権思想の発展がありました。一人ひとりの人間的な成長・発達を促し，その可能性を開かせることを目的とする教育は，近代的な権利の一つとして位置づけられ，権利の主体を育成することを目指すものです。教育という概念をより深く理解するために，教育の周辺にある概念として，「教化」と「形成」をとりあげ，整理してみましょう。

　そもそも次の世代を育成する営みをどう設計し実行するかは，人類の歴史が始まって以降，いつの時代もどこの地域でもその社会にとって大きなテーマでした。しかし，近代市民社会が形成される以前の社会においては，次世代育成の仕組みは現代の「教育」とは違う意味合いを持っていました。近代以降の「教育」は子どもがひとり立ちし社会を生きていく力を身に付けることに目的をおいているのに対し，それ以前の次世代育成の仕組みは，社会を維持していくことにその目的がありました。そこでは社会や所属する集団を維持していくための価値観を内面化させ，体制を維持するための知識・技術・技能の伝達が図られました。こうした次世代育成システムは「教化」と定義し，「教育」とは別の概念として区別されます。近代以降においても，時代によって，国家や企業社会あるいは様々な社会集団を維持するための人格形成は「教化」としての側面を持つこともありました。

　さらに，「教育」と似た概念に「形成」があります。近代以前の人間形成は，生活そのもののなかで行われていました。「形成」は「教育」と違い「無意図的なものや，結果としてのもの[4]」であり，例えば徒弟制がその例としてあげられます。徒弟制は，職業技能を伝承するための仕組みであり，徒弟は親方と生活を共にしながら商工業の技術を見習いました。そこでの人間形成は，行為や行動それ自体が持つ人づくりの機能に依拠したものであり，「教育」とは区別されるものです。

　以上のように「教育」「教化」「形成」の概念の違いを整理すると，それぞれが必要とされる社会背景があり，時代の推移のなかで次世代育成システムが変容してきたことが見えてきます。そこで次に，教育の誕生を歴史的な視点から見てみましょう。

(4)　第 1 巻編集委員会『教育——誕生と終焉　産む・育てる・教える——匿名の教育史1』藤原書店，1990年，p. 8。

2　共同体の子育てから学校教育・家庭教育へ

　教育の担い手として，近代国家は近代的な学校教育制度を整備拡充し

第Ⅰ部　教育の意義と目的

てきました。日本においても，1872（明治5）年に学制が公布され公教育制度がスタートして以降，すべての子どもたちは学校に通い，一人ひとりの人格の形成を目的とした教育を受けることになりました。それでは，学校が登場する前，教育は誰によって担われてきたのでしょうか。また学校教育の登場の背景にはどのような社会変容があり，学校が子どもの生活世界に浸透したことで，子どもの育ちにどのような変化がもたらされたのでしょうか。日本の教育や子育ての歴史において，学校だけではなく共同体や家族の果たしてきた役割も視野に入れながら，このことを考えてみましょう。

　明治期に学制が公布され近代公教育制度が整備される以前にも，習俗としての次世代育成システムは社会の中に存在していました。例えば，ムラの共同体でおこなっていた様々な通過儀礼もその一つです。今でも伝統的な行事として受け継がれているお食い初めや七五三，成人式等には子どもの成長を共同体で見守っていく意味合いがありました。また，子ども期には氏子として村の祭りに参加し，若者になると若者組や娘組という若者の組織の一員となり活動する等，「一人前」の大人になるためのプログラムが存在していたのです。

　しかし，工業化や都市化の進展を背景に農村から都市へと人口が流出するなかで，共同体は急速に衰退していきます。都市のいわゆるホワイトカラーが増加し，生活の現代化が進むなかで，科学技術が目まぐるしく進化する新しい時代を生き抜く力を身に付けるために，親たちの学校への期待が高まり，教育要求は増大していきます。

　一方で，共同体の崩壊後に台頭した学校というシステムは，それを補完するものとして家庭教育を必要とするものでもありました。その背景には，大正期における新中間層の増加と「教育家族」の登場がありました。「教育家族」とは，子どもの教育に熱心でとりわけ学校での成績や学歴の獲得に高い関心を示す性格を持った家族です。戦後，高度経済成長期には「教育家族」的な家族のあり方は広がりを見せます。こうして共同体の崩壊後，学校教育と家庭教育は表裏一体となって子どもの育ちを担うことが期待されるようになっていったのです。

3　人間の発達と環境

　続いて，本節では「教育とはどのように展開されるものか」について考えていきます。

　人間らしい発達のために教育が必要であることを示すとき，しばしば

第1章 教育とは何か

「野生児」の事例が引用されます。野生児とは，人間の教育を受けず野生の動物のように暮らす子どものことを指します。アヴェロンの野生児，オオカミに育てられた少女アマラとカマラの話が特によく知られています。

まず，アヴェロンの野生児の事例を紹介します。1800年，フランス南部のアヴェロン県で，四つ足で歩き，言葉を話すことができない11〜12歳くらいの野生児が保護されました。少年はフランスの首都パリに連れていかれ，パリ国立聾唖学校つまり聴覚に障害を持つ子どもたちのための学校に収容されました。少年はヴィクトールと名づけられ，その学校の医師であったイタールのもとで教育を受けました。イタールによる教育によってヴィクトールは多少の知的な振る舞いや簡単な単語の理解ができるまでになり，ヴィクトールと彼に対するイタールの教育の試みは世間の注目を浴びました。しかし思春期以降の教育は困難となり，ヴィクトールは学校を去りひっそりと暮らしたそうです。そして推定40歳で死亡するまで野生の状態から人間社会への適応は見られなかったそうです。この事例から，人間が人間らしく発達するために教育的な環境を整えることが必要であることがわかります。イタールの考え方や教育方法は当時の障害児教育に影響を与えたそうです。

次に，狼に育てられた子として有名なアマラとカマラの記録を紹介します。1920年，インドでシング牧師が狼の群れの中で育った二人の少女を救出しました。推定年齢1歳半と8歳の少女たちは四つ足で歩き，生肉と牛乳を好むという狼のような習性を身につけていました。シング夫妻はこの二人を保護し，名づけ，人間らしく育てるべく努力をして，成長記録を残しました。年下の少女アマラは1年後に亡くなりましたが年上のカマラは亡くなるまでの10年ほどの間に二足歩行や少しの言語でのやり取り，喜怒哀楽の感情が働くなど，人間らしい能力を獲得していきました。それでも狼の習性が強く残っていたそうです。信ぴょう性に関しては様々な議論がありますが，この記録は，人間にとって初期経験や適切な教育環境が重要であることを示唆しています。

施設や病院で長期間育った子どもにしばしば発達の遅れが観察されることを施設病／施設症やホスピタリズムと言います。また環境のよくない孤児院で育った子どもや虐待を受けて育った子どもにも似たような発達遅延が見られることが分かっています。野生児は教育的な環境を欠いた人間の極端な例と言えるでしょう。人間によって適切な時期に，特に人生の初期に適切な教育を受ける環境にない子どもは，人間としての諸能力の発達が阻害されてしまうのです。したがって，人間には教育が必

(5) 白井述「鈴木光太郎著『謎解きアヴェロンの野生児』新曜社，2019年」『基礎心理学研究』38-2，2020年，pp. 227-228。

(6) 鈴木光太郎「ボナテールのアヴェロンの野生児」『人文科学研究』新潟大学人文学部，2014年，pp. 1-30。

(7) 前掲(5)。

(8) 施設病／施設症
ホスピタリズム（hospitalism又は独：ホスピタリスムス）とも言う。ヨーロッパでは17世紀ごろから使用されていた言葉である。はじめは施設で養育される乳児の高い死亡率を主に指していたが，後に施設養育における身体的・知的・精神的な発達不良全般を指す言葉として使用されるようになった。

19

第Ⅰ部　教育の意義と目的

要なのです。

　これまで述べたように，人間が発達するためには環境の要素が重要です。しかし同時に，生まれ持った気質や気性と呼ばれるもの，すなわち遺伝的要素も人間の発達に影響を与えています。同じ環境を与えられても，同じように育つわけではありません。楽器演奏や外国語，スポーツの教育の場合を考えてみてください。また道徳性や社会性も，同じ環境にあっても人それぞれの育ち方をします。

　一人の人間の成長発達や個性の形成に，環境と遺伝がどのように影響するかは古来より議論されてきました。それに関連する言葉も多くあります。例えば遺伝の優位性を説く「蛙の子は蛙」や「鳶の子は鷹にならず」，環境の優位性を説く「孟母三遷」や「氏より育ち」，平凡なごく普通の親が優れた子どもを産むというように，遺伝が優位であるはずなのに意外であるという意味を含んだ「鳶が鷹を生む」があげられます。

　現在では，様々な研究の結果，環境的要因と遺伝的要因が相互に影響しあって発達を支えているということが分かっています。保育者や教師を志す皆さんは，目の前の乳幼児や児童の一人ひとりの生まれ持った個性を認めながらも，なお，人間の発達における環境の重要性を心にとめて日々の保育・教育に携わることが大切です。

4　教育の目的

　最後に，「教育とは何を目的に展開されるものか」について整理します。
　教育の目的を考える際，大きく三つの視点に分けられます。①人間に内在する能力や資質を引き出すという視点，②知識や経験を伝達し，国家・社会の一員を形成するという視点，③教育法規上の規定という視点です。

　①は教育の目的を個人の資質・能力の形成や伸長ととらえる視点です。この視点に立って教育の目的を定義した人物を紹介します。まずヨハン・アモス・コメニウス（J. A. Comenius）は教育の目的を「大自然の運航の秩序」に従って，人間特有の卓越性を発芽させることと述べています。そして，ジャン＝ジャック・ルソー（J. J. Rousseau）は教育の目的を「人間に内在する本来の力を発揮させること」としました。ルソーの「子どもの自然な成長力に従う教育」のことを「自然の教育」「消極教育」と呼びます。またヨハン・ハインリヒ・ペスタロッチ（J. H. Pestalozzi）は教育の目的を「道徳・知識・技術の基礎的陶冶による人間の調和的育成」にあると唱えました。陶冶とは人間を理想的につくりあ

(9)　ヨハン・アモス・コメニウス（Johannes Amos Comenius 1592-1670）
現在のチェコのハンガリー寄りにあるモラヴィア生まれ。主著『大教授学』『世界図絵』。

(10)　ジャン＝ジャック・ルソー（Jean Jacques Rousseau 1712-1778）
スイスのジュネーブ生まれ。主著『エミール』『学問芸術論』。

(11)　ヨハン・ハインリヒ・ペスタロッチ（Johann Heinrich Pestalozzi 1746-1827）
スイスのチューリヒ生まれ。主著『隠者の夕暮れ』。第5章2 3 も参照。

げることです。

　ここにあげた3名の人物は教育の目的を一人ひとりの内面をより良くすることであるととらえているという共通点があると言えるでしょう。

　次に，②は教育の目的を知識や経験を伝達し，国家・社会の一員を形成することととらえる視点です。この視点に立って教育の目的を定義した人物を紹介します。まずプラトン（Platon）は教育の目的を「理想の国家に有用な人材を育成すること」として，人間を支配者，軍人，生産者の3階級に分け，それぞれの素質を持った人間を選別して訓練することが教育の役目だと主張しました。また，ニコラ・ド・コンドルセ（N, Condorcet）は現在の公教育の基本原則である「教育の機会均等」「教育の中立性」を構想した人物ですが，彼は教育の目的は「市民間の真の平等の確立，法規上規定されている政治的平等の実現である」と主張しました。そして，エミール・デュルケーム（E, Durkheim）やその弟子たちは，教育を社会的同化作用ととらえました。教育は成熟した世代によって未だ社会生活に慣れていない若い世代に行われる作用であり，教育の目的は「人間の社会化を組織的，計画的に展開させること」であると定義しました。ここで紹介した3名の人物は，教育の目的として人間が生存の基盤となる社会の文化を習得・体面化し，社会の成員になっていくことに重きを置いていると考えられます。

　一方で，教育の目的のとらえ方として前述の①②のどちらの要素も包括する考え方をした人物にジョン・デューイ（J, Dewey）がいます。デューイは「教育の目的は教育することである」と定義しました。教育の終了段階を教育の目的とは考えず，むしろ教育の過程こそを重視しました。人間は絶えず自己成長するため生活しながら「仮説」をテストし，「真理」を獲得しながら自己を拡大し続けるという実験主義を唱えました。デューイは同時に教育の大切な目的として「民主主義の担い手を形成すること」だとも主張しました。そして，教育の最大の役割は，人間（子ども）の自発的な成長を促すための環境整備にあるとしました。

　最後に，③教育法規上の規定という視点から教育の目的を考えてみましょう。世界各国で国民の育成のため教育法規が制定されています。日本の法律における教育の目的は教育基本法（2006年改訂）第一章「教育の目的及び理念」第一条「教育の目的」に以下のように書かれています。

　教育は，人格の完成を目指し，平和で民主的な国家及び社会の形成者として必要な資質を備えた心身ともに健康な国民の育成を期して行われなければならない。

---

(12) プラトン（Platon 紀元前427-紀元前347）
主著『国家』『ソクラテスの弁明』。

(13) ニコラ・ド・コンドルセ（Nicolas de Condorcet 1743-1794）
北フランスのリブモン生まれ。主著『人間精神進歩の歴史的概観』。

(14) エミール・デュルケーム（Emile Durkheim 1858-1917）
フランスのロレーヌ地方のエピナル生まれ。主著『社会分業論』『社会学的方法の規準』『自殺論』。

(15) ジョン・デューイ（John Dewey 1859-1952）
アメリカのヴァーモント州生まれ。主著『学校と社会』『民主主義と社会』。

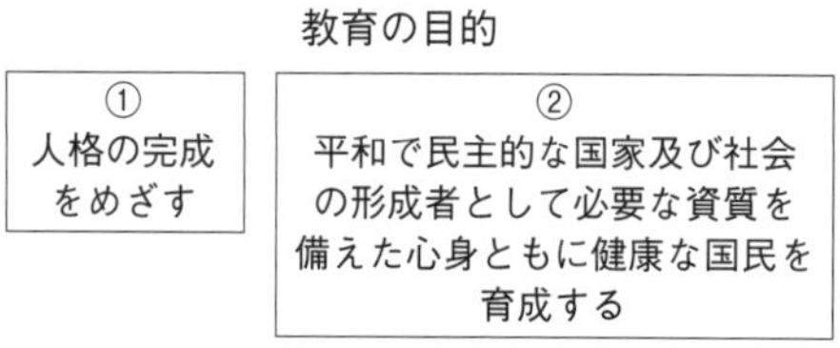

第Ⅰ部　教育の意義と目的

教育の目的

① 人格の完成をめざす	② 平和で民主的な国家及び社会の形成者として必要な資質を備えた心身ともに健康な国民を育成する

図1-1　日本の教育の目的の構造
出所：文部科学省「教育基本法」https://www.mext.go.jp/b_menu/kihon/about/mext_00003.html（2024年8月1日閲覧）をもとに筆者作成。

　文部科学省は「教育は，人を育てることであり，ここで『教育の目的』としては，どのような目標に向かって人を育てるか，どのような人を育てることを到達の目標とすべきかについて規定している（文部科学省2006）」と示しています。[16]

　図1-1のように，教育基本法にみる日本の教育の目的は大きく分けると2点です。その2点は，本節の冒頭であげた①人間に内在する能力や資質を引き出すという視点，②知識や経験を伝達し，国家・社会の一員を形成するという視点，で分けられると考えられます。この教育基本法における教育目的を基本とし，各学校（幼稚園も学校に含まれる[17]），保育所，認定こども園など保育や教育の現場における保育目的や教育目的が法律で定められています。

　日本において保育者・教師を目指す皆さんは，将来の我が国を担う子どもたちを育てていきます。皆さんが保育や教育を行う場所では，子ども一人ひとりの能力や資質を引き出す場所であると同時に，日本という国や社会の一員を形成する場所でもあるのです。

参考文献
梅本洋「遺伝と環境の相互作用に関する検討」『早稲田大学大学院文学研究科紀要』60-1，2015年，pp. 69-83。
角和麻衣子・高平小百合「幼児期からの負感情経験項目の抽出」」『玉川大学教育学部紀要』（22），2023年，pp. 99-116。
木村元『近代日本の人間形成と学校──その系譜をたどる』クレス出版，2013年。
讃岐和家「デューイの教育目的論」『国際基督教大学学報Ⅰ-A教育研究』10，1963年，pp. 95-121。
中内敏夫『新しい教育史──制度史から社会史への試み』新評論，1987年。
平原春好・寺崎昌男編集代表『教育小事典〈増補版〉』学陽書房編集委員会『教育──誕生と終焉──叢書〈産む・育てる・教える──匿名の教育史1〉』藤原書店，1988年。
松沢哲郎『想像するちから──チンパンジーが教えてくれた人間の心』岩波書

[16] 文部科学省「教育基本法資料室へようこそ！」https://www.mext.go.jp/b_menu/kihon/about/004/a004_01.htm（2024年8月1日閲覧）。

[17] 学校教育法第一条に規定する学校を「一条校」と言う。ここで学校とは，小学校，中学校，高等学校，中等教育学校，大学，高等専門学校，盲学校，聾学校，養護学校及び幼稚園を指し，国が認めるそうした学校が一条校となる。

店，2011年。

◆◆保育・教育現場に生かすために◆◆

　野生児の例からは，人間によって適切な時期に，適切な教育を受ける環境にない子どもは，人間としての諸能力の発達が阻害されてしまうことを学びました。人は，生まれてからその人生を終えるまでに，それぞれの発達段階に応じた教育を受け成長することが必要です。

　保育者や教師は，人が人生の初期に出会い深く関わりを持つ人的環境にあたります。家族や友達とも異なる特別な存在であり，園や学校生活で関わる数少ない大人です。保育者や教師は子どもたちに対して強い影響力を持っていることを常に心にとめ，共感的で受容的な関わりによって子どもたち一人ひとりのより良い育ちを支えていきたいものです。

【Work 1】

　本章を読んで，以下の問いに答えましょう。

1　なぜ教育という行為は人間にのみ行われ，チンパンジーの世界にはないのでしょうか。

2　学校が登場する前，教育は誰（または，どのような組織）によって担われてきたのでしょうか。その歴史的経緯について，整理しましょう。

第Ⅰ部　教育の意義と目的

3 「野生児」の事例はなぜ人間に教育が必要であることを示すのでしょうか。その理由を説明しましょう。

4 日本の法律における教育の目的を，根拠となる法令の名称とともに書き出しましょう。

第2章

学校とは何か

　本章では，「学校」という組織の成り立ちを紹介しながら，子どもたちにとって，学校とはどのような場所なのか，どのような役割を果たしているのかについて，皆さんと一緒に考えていきましょう。また，そうした「学校」という組織の中で展開される教育の営みについて，その課題や今後の方向性を考えていきます。

＊＊学びのポイント＊＊
①学校の成り立ちについて学ぶ。
②現代の学校教育が直面する課題について学ぶ。
③これからの学校が果たすべき役割について共に考える。

1　日本における学校の成り立ち

　学校とは何かということについて，皆さんは真剣に考えたことがありますか。勉強するため，皆が行くから，友達と会えるから，などと答える人が多いかもしれません。しかし，「学校とは何か」と真剣に考えたことはなかった人の方が多数派なのではないでしょうか。

　しかしながら，昨今のICT（情報通信技術）の急速な進展にともない，遠隔授業などの普及が進むなかで，「そもそも学校は何のためにあるのか」ということが改めて問われています。

　そこで，まずは，そもそも我が国において学校は，いつ頃どのような理由でできたのかについて，歴史を振り返ってみることにしましょう。

　我が国の学校制度は，近代になって1872（明治5）年に公布された「学制」によりはじまりました。我が国初の近代的学校教育制度としてはじまった「学制」において，「学校」という名称が使われ，現在まで続くことになるのです。この「学制」において提唱されたのが，国民は日本のどこにいても教育が受けられるとする「国民皆学」の理念です。

　長い間他国との交流が十分に行えず，近代国家の基礎さえ築けていなかった当時の日本にとって，明治維新の三大改革と言われる「学制」「徴兵令」「税制改革」は，近代国家を目指す我が国の重要な国策でした。特に「学制」は，我が国の将来を託す子どもたちを確実に育てる観点から，極めて重要な国策であったと言えます。国民に，国を支える人材としての意識を持たせるため，また，国民の教育水準を高めて近代産業を発展させるための国策の中心的な役割を果たしたのが，この「学制」で

第Ⅰ部　教育の意義と目的

した。そのため，「必ず邑に不学の戸なく，家に不学の人ならしめん」，つまり，すべての人が学ぶべきであるという考えのもと，「国民皆学」の制度設計を行ったのです。

つまりこの「学制」の公布により，我が国の学校教育のスタイル，すなわち，皆で同じことを，同じペースで，同じようなやり方で，年齢の同じ学級（学年）といった集団の中で勉強する，という仕組みが生まれました。江戸時代に存在した，様々な学び（学び方，学ばせ方）のある「寺子屋」や「藩校」といった教育の場が，明治政府の学校制度の施行により整理され，国による制度化された一律の「学校」が生まれたのです。これが，今，学校教育法第一条に定められた学校のはじまりです。

2　学校が直面する課題

ただ，こうした学校教育制度の根本，すなわち，皆で同じことを，同じペースで，同じようなやり方で，年齢の同じ学級（学年）といった集団の中で勉強する，という仕組みが，今，揺らいでいます。それは，支援の必要な子どもたちの増加で，より顕在化しています。しかしながら，こうした子どもたちの学校における課題というのは，今になって初めて明らかになったことではありません。例えば，発達障害などの特性のある子どもたちは，皆で同じことを，同じペースで，同じようなやり方で学ぶというような一律の枠組みや，一緒に活動することが苦手だからです。そうした子どもたちが，登校して，気持ちよく学ぶことができる学校の在り方を模索する必要があります。

一方，ICTの進歩により，対面でない授業が当たり前のように行われるようにもなり，子どもたちは登校しなくても学習活動が成立する状況が生まれ，学びのスタイルの多様性が少しずつ現実のものとなっています。一人ひとりの特性をふまえた多様な学びのスタイルの提供による教育環境の変化は，学級というまとまり（教室）の中で，登校して教育活動が進められるといった状況を変えつつあります。対面による指導を基本としつつ，子どもたちの成長，発達を支えている教育現場の状況は変わりつつあるのです。

こうした教育現場の変化のなかで，教師もまた，「学校とは何なのだろうか」「同じ空間を共有しない子どもたち同士に，社会性の基礎となる『関係性』をいかにして学習させればよいのだろうか」「これから何を大事にして我々は子どもたちと向き合えばよいのだろうか」といった問いや課題に直面しています。

3 これからの学校が果たすべき役割

1 教育と学校の語源

　それでは、そもそも教育という営みがいつごろからはじまったのかについて考えてみましょう。「文化」という言葉がありますが、教育もこの「文化」の一つと考えられます。事典によれば、「人間は、遺伝と本能に加えて、経験と模倣、および言語を通して、集団の一員としての思考、感情、行動を仲間から学習（習得）し、獲得したものを同世代、後世代の人々に伝達する。こうして集団の一員として学習、伝達されるものが、一つのセットとして統合性をもつ総体を文化と定義できる」とあります。要は、文化の大きな要素が「ことば」で、こうした「ことば」による意思の伝達、築き上げた技術や知識の「ことば」による伝承が、教育というものになったのではないかと考えられるのです。この「ことば」には、聞いた「ことば」を次の世代に受け継ぎ残していく「文字」というものが存在します。その「文字」により残された記述を「伝える」、そして「覚える」という文化が、「教育」という、まさに意図的な営みとなっていったのではないかと考えられるのです。こう考えると、「教育」という営みは、常に人類とともにあり、進化してきたものなのではないでしょうか。

　次に、学校の語源についても見てみましょう。学校は英語でschoolです。その言葉はラテン語のscholaから来ていると言われています。そして、そのラテン語scholaは「余暇」を意味するギリシャ語skholeからできた言葉です。ただ、それは、我々がイメージする単なる「暇」ではなく、「ゆとり」に近い、学問や芸術に専念し、幸せな将来を実現するための自由で満ち足りた時間を意味します。事典によれば、古代ギリシャでは、学問ができるのは生活に余裕のある貴族の特権で、その貴族たちが生活の余裕、すなわち余暇を利用して教養を身につけていました。このことからギリシャ語の「余暇」が学問という意味になり、その学問をする場所として「学校」という言葉ができたのです。

2 これからの学校教育

　現代の日本においては、学校は「余暇」を利用して学ぶ場ではなく、教育基本法第1条に定められた、「教育は、人格の完成を目指し、平和で民主的な国家及び社会の形成者として必要な資質を備えた心身ともに健康な国民の育成を期して行われなければならない」といった教育の目

---

(1) 『日本大百科全書 20』2版，小学館，1994年。

(2) この意図的ということについては，教育社会学者の広田照幸が，「教育とは，誰かが意図的に，他者の学習を組織化しようとすることである」（広田照幸『学校はなぜ退屈でなぜ大切なのか』筑摩書房，2022年）と指摘している。

(3) J・ダイアモンド，長谷川真理子訳『人間はどこまでチンパンジーか？』新曜社，1993年。

(4) 前掲(1)。

的を達成させる場所です。その対象となるのは，古代ギリシャのように生活に余裕のある貴族だけではありません。第4条に「すべて国民は，ひとしく，その能力に応じた教育を受ける機会を与えられなければならず，人種，信条，性別，社会的身分，経済的地位又は門地によって，教育上差別されない」と規定されている通り，我が国に居住している全ての国民が対象なのです。

そして現在，改めて学校のあり方が問われています。人工知能（AI）やロボット等の先端技術が高度化し，情報技術が加速度的に進展している状況下にあって，社会のあり方も変容しつつあります。今の教育界に求められているのは，こうした見通しを持つことが難しい時代を乗り越えられる人材を育てる教育なのです。

2021（令和3）年1月26日には，中央教育審議会から『令和の日本型学校教育』の構築を目指して——全ての子供たちの可能性を引き出す，個別最適な学びと，協働的な学びの実現」という答申が出されました。この答申によれば，「個別最適な学び」とは，「指導の個別化」と「学習の個性化」を学習者の視点から整理した概念です。

「指導の個別化」とは，支援が必要な子どもたちにより重点的な指導を行ったり，特性や学習進度等に応じた指導方法を工夫して提供したりすることです。また，「学習の個性化」とは，子どもたち一人ひとりの資質・能力を土台として，その一人ひとりの興味や関心等に応じた学習活動や学習課題に取り組む機会を工夫して提供することです。

一方，「協働的な学び」とは，集団の中で個が埋没してしまうことのないよう，一人ひとりのよい点や可能性を生かしながらも，子ども同士や様々な人と協働し，異なる考え方を尊重しながら学び合っていくプロセスや手法のことです。

つまり，今後の教育の方向性としては，子どもたち一人ひとりの持てる力を最大限に発揮させるため，「個別最適な学び」と「協働的な学び」を実現させることが重要なのです。次の項では，この「個別最適な学び」について考えてみましょう。

3 「個別最適な学び」とは——学びづらさのある子どもたちから学んだこと

ここでは，筆者が出会ったいくいつかの事例をとりあげ，皆さんに「個別最適な学び」について考えてもらいたいと思います。

第 2 章　学校とは何か

事例 2 - 1　椅子に座って勉強することが苦手だったAさん

　小学校 1 年生であるAさんは，入学して間もない頃から離席を繰り返し，勉強に集中できない状況が続いていました。担任の先生は話が上手な方で，クラスの子どもたちの多くは，先生の話に集中して耳を傾けていましたがAさんは違いました。先生は何度か注意をしました。ところがAさんは全く聞き入れず，そのうち，そのAさんの行動に引きずられ，何人かの子どもが離席を繰り返すようになってしまいました。しばらくは担任の先生も我慢していましたが，クラス全体が落ち着かなくなってくると，注意する頻度が増え，その声も次第に大きくなっていきました。

　担任の先生は，決して話が上手かったわけではなく，話すことが好きだったのです。子どもたちは正直です。最初は新鮮だったのでしょうが，いつも同じような調子で話をするものだから飽きてきたのです。そして，話が長かったそうです。

　人には認知特性というものがあります。その特性といったものを考えれば，多くの子どもたちは話だけで集中させようとすることは極めて難しいのです。視覚情報を効果的に使うことが大切です。また，話は具体的でわかりやすく，簡潔であるといったことも必要です。小学校 1 年生という年齢であればなおさらです。担任の先生にはそうした情報を含め，さらに上手に話ができるよう，できるだけ肯定的な表現を使うこと，一人ひとりの状況を観ながら話をすることなどについてアドバイスをしました。その後，Aさんの行動は落ち着き始めたそうです。

事例 2 - 2　次第に学校を休みがちになっていったBさん

　これまでほとんど学校を休んだことがなかったBさんは，小学校 3 年生になったときから体調を崩して学校を休むことが増えてきました。これまであまり休むことがなかったBさんですので，担任の先生はとても心配していました。その担任の先生は，Bさんの 1 , 2 年生のときの担任からも話を聞きましたが，仲が良かった子とも一緒のクラスになっていたことから，休む理由がわかりませんでした。

　そこで，体調が悪くなって学校を休んだ日と休まなかった日の日課に何か違うことがあるかどうか調べてもらいました。そうすると，体調が悪くなった日の多くに，国語があるということが分かりました。そこで，1 , 2 年の担任の先生と今の担任の先生の国語の授業の仕方に何か違いがあるのではないかと調べてみることにしました。すると，今の担任の先生は，クラスのまとまりを大切にしている先生で，クラスの皆で声を合わせて一緒に読む，いわゆる「群読」を大切にしていることが分かりました。

　実は，Bさんは，本を読むことが苦手だったのです。行を飛ばしてしまったり，文章の区切りが分からなくなってしまったりするような間違いが多くみられたそうです。そうしたことを担任の先生に伝えました。それからは群読はやめたそうです。次第にBさんの欠席は減っていった

第Ⅰ部　教育の意義と目的

ということです。

　もう一つの事例は，重度の障害のあるCさんの事例です。

事例2-3　国語や算数の勉強をしたかったCさん

　Cさんは，寝たきりの状態の重度の脳性まひの子どもで，出会ったときは養護学校の中学部の生徒でした。寝たきりの状態でしたが，私たち教師の働きかけに対しては，「はい」「いいえ」を表情と口の動きで明確に伝えていました。「はい」のときは笑顔で口を大きく開けていましたし，逆に「いいえ」のときは，渋い顔をして口を尖らせていたからです。ただ，表出される言葉は全くありませんでしたし，授業中よく眠ってしまう状態は相変わらずでした。

　中学部で新たに担任となった私たちは，本人とのやり取りを重ねるうちに，もしかしたら言葉を理解しているのかもしれないと思いはじめていました。そこで，夏休みに母親に了解をもらい，1週間，Cさんと一緒に生活しながら，手作りの50音を書いたボードで，本人とのやり取りを試みたのです。Cさんは自ら指で50音ボードの文字を指し示すことはできませんので，私たちが「あ」から順に読み上げて，一文字一文字指で指し示していくと，Cさんが言いたいと思われる音のところで口を大きく開け，その口をいろいろな形にして何か言おうとしていることが分かりました。

　そうしたやり取りを繰り返し，表情を変え，口を大きく開けている音を繋ぎ合わせ言葉にしていくうちに，驚きとともに，自分たちの愚かさに気づかされたのでした。Cさんは平仮名が読めていたのです。なぜ授業中に眠ってしまうのかの問いには，「つまらないときは眠くなる」と教えてくれたのです。私たちはCさんに心から謝罪しました。

　それからというもの，過ぎてしまった時間は取り返すことはできませんが，彼女の思いや考えをしっかり受け止めながら，国語や算数といった教科にもチャレンジしたのです。その後の彼女の学ぶ意欲は格段に向上していきました。やり取りの大切さを思い知らされた事例でした。

　これらの事例から，「個別最適な学び」すなわち子ども一人ひとりの特性を理解したうえで，それぞれの実際の姿に応じ，指導方法や教材等を柔軟に考えることの大切さが分かります。また，そこにおける教師の姿勢として，教師が子どもたちに教えているだけではなく，子どもたちから教師が教えられている面もあるのだということを忘れずにいることが大事だということにも気づかされます。

　◆◆保育・教育現場に生かすために◆◆

　保育者や教師は，学校や保育所あるいは幼稚園などの場所で，子どもたちと一緒に，子どもたちの成長，発達を支える仕事をしています。そうした場所は，子どもたちの成長や発達にとってどのような役割を果たしているのでしょうか。家庭や社会との違いはどういったところにある

のでしょうか。また，それらとの関係性をどのように捉えていけばよい
のでしょうか。これからの先行き不透明な社会を，主体的に生き抜く子
どもたちを教育する場としての学校の役割について，今後のあるべき姿
を展望しつつ皆さんにも考えてほしいと願っています。

【Work 2】

　本章を読んで，以下の問いに答えましょう。

1　日本の学校のはじまりについて，本章から分かったことを整理しましょう。

2　あなたがこれまでに受けた学校教育において，「個別最適な学び」を保育者や教師が取り
　入れていた場面を思い出してみましょう。その後，グループで共有しましょう。

第3章

魅力ある保育者・教師とは何か

　本章では，一つの専門職としての保育者や教師に求められる資質や心構えについて，保育者や教師の仕事における「職人（craftsman）」としての側面と「専門家（professional）」としての側面という二つの観点から考えていきます。子どもたちは日々の生活や授業を介して，保育者や教師の人となりをまっすぐに受け止めます。子どもたちを託す保護者もまた同じです。保育や教育をめぐる様々な方法や技術の手前のところで保育者や教師に求められる資質や心構えとはいったい何なのか，いくつかの文章を頼りに考えていきます。

＊＊学びのポイント＊＊
①専門職としての保育者・教師の在り方について学ぶ。
②保育者・教師の持つ「職人（craftsman）」としての側面について理解する。
③保育者・教師の持つ「専門家」（professional）としての側面について理解する。

1　保育者・教師になるということ

1　　私は保育者・教師になれるだろうか，という不安

　「保育や教育の道で仕事がしたい」という思いを胸に学びを進めるなかで，ふとした瞬間に「私は保育者に向いているのだろうか」「私は教師になれるのだろうか」という不安に駆られたことはないでしょうか。あるいは，保育者や教師という存在はどこからまなざしても手本や見本となる完璧な存在でなければならない，完璧な存在になるまでは保育者や教師になることはできない，という漠然としたプレッシャーを感じた経験はないでしょうか。こうした若者たちの声に答えて，長年，保育と教育の現場で実践者として，ときには現場の助言者として仕事をしていた高杉自子（1924-2003）は次のように書いています。

　　はじめから，すばらしい人間がいるはずはありません。すばらしくなってから保育者になるというのでは，いつのことかわかりません。教育をほどこす保育者だからすばらしくなければならないときめつけてはいけないと思います。教育とは，その場にいる人がお互いに刺激し合い，助け合いながら進歩していく営みではないかと思うのです。人間は一生発達し続けるという観点に立つ，あるいは，人を教育するのではなく，自分を教育する，自分を形成していく力を身につけるための援助活動であるという観点に立ちたいのです。[1]

(1)　高杉自子『魅力ある保育者たち』ひかりのくに，1985年，p. 139。

第3章　魅力ある保育者・教師とは何か

　この文章は保育者に宛てたものとして書かれていますが，この文章の保育者の部分を教師に置き換えても同じことが言えるでしょう。ここで言われていることは，保育者も教師も子どもたちと共に常に成長しつつある存在なのであって，お互いに完全な存在であるわけではない，ということです。自分が十分な存在になってから保育者や教師になるという発想にとらわれていては，いつのことになるか分かりません。そうではなく，ここでは，保育や教育の現場に立ち，常に成長しつつある存在として自身を見つめ，日々，子どもや同僚と助け合いながら自分自身を成長させていくという発想が重要であるということが述べられています。

　本章ではこうした先人たちの言葉に学びながら，専門職としての保育者や教師に求められる資質や心構えについて，根本のところから考えていきたいと思います。

2　保育者や教師が持つ「職人」としての姿と「専門家」としての姿

　教育学者として長年，教育のフィールドで仕事をしてきた佐藤学は，保育者や教師の仕事の専門性を「職人」としての姿と「専門家」としての姿という二つの側面から特徴づけています。[2][3]

　次に示す文章は主に小学校以上の学校の教師を想定して書かれた文章ですが，保育者にも通じるものとして読むことができますので，必要な部分は保育の文脈に置き換えて読んでみましょう。

(2)　佐藤学『教師花伝書——専門家として成長するために』小学館，2009年。

(3)　佐藤学『専門家として教師を育てる——教師教育改革のグランドデザイン』岩波書店，2015年。

　　教師の仕事は，職人（craftsman）としての世界と専門家（professional）としての世界によって構成されている。教室における教師の身の振る舞いを見ると，さすがに熟達した教師は，すっきりとしていて一挙手一投足に無駄がなく，ときとして「名人芸」のように思われることがある。そういう教師の姿に職人としての教師の世界が端的に表現されている。しかし，教師の仕事は職人芸でのみ成り立っているのではない。教師の仕事は，もう一方で，授業をどうデザインするのか，教材のどこをどう取り上げるのか，子どもの発言の何をどう意味づけるのかなど，複雑で高度な知的判断によって遂行されている。これが専門家としての世界である。[4]

(4)　前掲(2)，p. 14。

　佐藤は，保育者や教師の仕事には「職人（craftsman）」としての側面と「専門家（professional）」としての側面があると言います。職人としての側面は，積年の経験によって支えられた熟練の技能（skill）やコツ，勘といったかたちで示されます。これらの側面は当人の身体感覚や暗黙[5][6]

(5)　前掲(2)。
(6)　前掲(3)。

第Ⅰ部　教育の意義と目的

の習慣として成り立っている部分も多く，「なぜ，できるのですか」「なぜ，分かるのですか」と尋ねてみても即座には言葉にしにくいという特徴を持っています。そのことも乗じて，傍目には非常に洗練された身の振る舞いとして映ります。

　保育者や教師の職人としての側面は，優れた先達の知識や技を実践の現場にともに臨みながら模倣し，自らの身体感覚や習慣として取り込んでいくという経験的な研鑽を通して育まれていきます。職人の世界に照らして言えば，憧れや尊敬によって結びついた関係の中で，優れた技や伝統の継承者としての自己が育まれていくと言ってもよいでしょう。

　他方，保育者や教師の専門家としての側面は，保育や教育に関わる専門的な知識や教養を身につけることや，保育や教育についての体系立った技術や技の実践への適用といったかたちで示されます。

　これらの専門家としての側面は，保育や教育に関わる専門知識や教養を身につけるとともに，自らの専門知識や教養を映し鏡として自分自身の実践を振り返っていく省察の作業と，専門知識や教養の実践への応用可能性を模索し，新たな実践を創出していく試行錯誤の努力を通して育まれていきます。

　以上に要約されるような，専門職としての保育者や教師の持つ「職人（craftsman）」としての姿と「専門家（professional）」としての姿を佐藤は次のように簡潔にまとめています。

　　職人としての教師の世界は「熟達した技能」「経験」「勘やコツ」によって構成され，専門家としての世界は「科学的専門的知識」「技術」「反省的思考と創造的探究」によって構成されている。そして職人としての世界は「模倣」と「修練」によって学ばれ，専門家としての世界は「省察」と「研究」によって学ばれる。[7]

(7)　前掲(2)，p. 15。

　彼は教師の仕事における「職人（craftsman）」としての側面と「専門家（professional）」としての側面は，一方をとって他方を捨てるという関係にあるものではなく，双方が両輪となってはじめて豊かな保育や教育の実践に結びつくと言います。では，保育者や教師の「職人」としての姿，あるいは「専門家」としての姿は，保育や教育の現場でそれぞれどのような姿としてとらえることができるのでしょうか。ここからは，保育者や教師の具体的な姿として，その内実に迫っていきます。

第3章　魅力ある保育者・教師とは何か

2　「職人（craftsman）」としての保育者・教師の姿

　本節ではまず，保育者や教師の「職人（craftsman）」としての側面について学んでいきましょう。以下では本章の冒頭で紹介した高杉自子が，長年，保育や教育の現場に関わるなかで出会ってきた実践者の姿から，三つの視点を学んでいきます。本節で紹介していく文章は，彼女が出会った数多くの保育者の姿を土台にして書かれたものですが，小学校以降の教師についても同じように当てはめて読むことができますので，そのような心づもりで読み進めて下さい。

1　相手をひとりの人間として尊重する

　最初の視点は，相手をひとりの人間として尊重する，ということです。高杉は，保育や教育に携わるものは，まずもって自らが関わりを持つ相手をひとりの人間として尊重することから出発する必要がある，として次のように書いています。

　　まず，相手を尊ぶということから始めなければならない。子どもだから，あれができない，これができないということではなくて，ひとりの人間として尊ぶことから始めなければならない。その人間性に対して，私たちは謙虚に向かい，人間性のすばらしさと可能性を信じて，素直に対応し，それを認めていく必要があるのではないかと思います。[8]

(8)　前掲(1)，pp. 139-140。

　保育者や教師はその職業上の性分から，子どもを導き，教えることに使命感を抱きがちです。しかしながら高杉は，子どもを導き，教えることの手前において，保育や教育に携わるものはまずもって相手をひとりの人間として尊重し，敬うことが大切ではないかと言います。子どももまたひとりの人間として，様々な思いや考えを抱きながら生きているのであるから，まずは，その思いや考えを尊重し，認めることから出発する必要があると言います。[9]

(9)　前掲(1)。

　子どもの思いや考えを尊重することのできる保育者や教師は，相手への信頼をもとに，相手に任せてみるという余裕を持つことができます。目の前の子どもをひとりの人間として尊重し，その思いや考えに信頼をおいて任せることのできる余裕と覚悟において，保育者や教師は「職人」である必要があるのではないでしょうか。

35

第Ⅰ部　教育の意義と目的

2　相手の内面を理解しようとする

　二つ目の視点は，相手の内面を理解しようとする，ということです。保育者や教師は日々の実践を通してクラス集団としての子どもたちに働きかける経験を重ねるなかで，集団の中のひとりとして子どもを捉えがちです。しかし高杉は，集団の中のひとりとして子どもを見ていたのでは，一人ひとりの子どもの内面にまで理解を進めることはできないと言います。

　　私たち教師と保育者は，集団教育をしてきた長年の癖がついていて，子どもを見るとき，集団を輪切りにして，点を追って見ているのです。でも，点を見ていたのでは決して内面は見えないと思います。その子どもの行動を追ってみて，つまり点ではなく線でその子どもの行動を追いながら，育っていく筋道に沿って見ようとしないと，その子はどういう気持ちで行動し，どんな考えをもっているかわからないと思います。[10]

　保育者や教師は，たとえ集団としての子どもたちに働きかけるような場面にあっても，集団の中のひとりとして子どもを見るのではなく，一人ひとりの育ちや活動の経緯を背後に踏まえながら関わりを持っていく必要があります。そのことを高杉は，子どもを集団の中の点（dot）として見るのではなく，一人ひとりの育ちや活動を線（line）としてとらえる，と表現しています。[11]しかし，集団としての子どもを任されている保育者や教師にあっては，一人ひとりの育ちや活動のすべてを見とることは難しいということがあるかもしれません。それに対し高杉は，一度に全員を見ようとするのではなく，1日に一人でも丁寧に見ていけば，1か月経てばクラスのほとんどの子どもを丁寧に見ることになる，と言います。そうして，一人ひとりの子どもを丁寧に見ていくことの先に，クラス集団としての子どもとの信頼に根ざした繋がりが育まれていくのではないでしょうか。

3　相手と同じ目線に立つ

　保育者や教師の「職人」としての側面についての三つ目の視点は，相手と同じ目線に立つ，ということです。言葉を換えて言えば，子どもの視点に立って物事を感じ，見渡す，ということです。保育や教育の実践においては，保育者や教師が見て，感じていることと，子どもたちが見て，感じていることとがずれる，ということが頻繁に起こり得ます。そ

(10)　前掲(1)，pp. 147-148。

(11)　前掲(1)。

うしたときに，保育者や教師が見て，感じていることを正しいものとして推し通すこともできるでしょう。しかしながら，そこで一寸立ち止まって，子どもと同じ目線に立って，物事を感じ，見渡してみることが子ども理解においても，子どもとの関係を築いていく上でも重要なことのように思われます。高杉はこのような感性を次のように表現しています。

　　例えば，相手が悲しいという顔をしたとき，なぜ悲しいのかという
　理屈が先立つのではなくて，いっしょに悲しくなるという，涙が出て
　くるという感性です。理屈など聞かなくても，いっしょに悲しめると
　いう気持ちのひびきあいが基本なのです。[12]

子どもが涙を流していれば「なぜ，泣いているの？」「どうしたの？」「何があったの？」とすぐにその理由を問いたくなります。保育者や教師の視点からはその理由が十分にとらえきれないがゆえに尋ねるわけです。しかし高杉は，子どもに「なぜ」「どうして」という理由を問う手前のところで，まずは子どもの心情に共鳴して一緒に悲しくなる，涙が出てくるという感性が大切であると言います。[13] 理屈や経緯を問う前に，一緒に喜び，驚き，悲しむことができるというような感性が必要であると言います。子どもの生きる世界への高い共感性を持つという点において，保育者や教師は「職人」である必要があります。
　本節では，保育者や教師の「職人」としての姿について「相手をひとりの人間として尊重する」「相手の内面を理解しようとする」「相手と同じ目線に立つ」という三つの視点から学んできました。いずれの視点も子どもとの関わりにおいて保育や教育の現場における相応の経験を通して育まれるという点で，保育者や教師の「職人」としての側面として位置づけることができるように思います。

3　「専門家 (professional)」としての保育者・教師の姿

　つづく本節では，保育者や教師の「専門家」としての側面について，三つの視点から学んでいきます。ここでも先の高杉が長年，保育や教育の現場に携わるなかで出会ってきた保育者の姿に学んでいきますが，前節と同じように小学校以降の教師にも通じるものとして読み進めてください。

[12]　前掲(1)，p. 153。

[13]　前掲(1)。

第Ⅰ部　教育の意義と目的

1　自らの実践を確かな目で見る

　保育者や教師の「専門家」としての側面に関わる最初の視点は，自らの実践を確かな目で見る，ということです。保育や教育に関わる自らの実践を省察する作業と言い換えてもいいでしょう。

　自らの実践を振り返るためには，自身の実践を推し図るための何かしらの「ものさし」が必要になります。そして，この「ものさし」の一つが保育や教育に関わる専門知識や教養です。専門家としての保育者や教師は，資格や免許を得るための学びを修めたらそれで終いということではなく，絶えず学び続けていく必要があります。そうして，保育や教育に関わる豊富な専門知識や教養を一つの「ものさし」として自らの実践を振り返り，よりよい実践を模索していく必要があるのです。

　これに加え高杉は自身の実践を振り返るための重要な機会として，自らの実践をともに仕事をしている同僚にひらき，同僚からの意見や助言をもらうことをあげています。そして，このような機会を創出する場として公開研究会や実践研究会を設定し，実践者がともに学び合う場を用意していく必要を強調しています[14]。

⑭　前掲(1)。

　　自分の保育というものを確かな目で見て，自分の保育のよさも足りなさも知る必要があるのです。己を知ること，これが基本です。己を知ることが他を見る目をもつことにつながります。他を批判することを訓練するのではなく，自分を知ることの方が大切なのです[15]。

⑮　前掲(1)，p. 154。

　自らの実践を，今，ここ，の自分自身の内に閉じておくのではなく，様々な専門知識や教養を糧に振り返る作業や，自身の実践を同僚にひらき，同僚からの助言や意見を糧によりよい実践を模索していく姿こそ，専門家としての保育者や教師に求められる姿なのではないでしょうか。他を批判し，蔑むことに長じるのではなく，自らを省察し，高めていくことに長じる方に「専門家」としての保育者や教師の成長があるという高杉の言葉は至言と言えるのではないでしょうか。

2　自らの実践の哲学を持つ

　二つ目の視点は，自らの実践の哲学を持つ，ということです。保育や教育の実践に対する自分なりの理論を持つ，と言い換えてもよいでしょう。自らの実践哲学や実践理論を形成していくためには，日々の実践の中で自身の実践を通してどんな子どもたちを育てたいと考えているのか，自身の実践の中で大切にしていることや価値づけていることは何なのか，

といったことを繰り返し問い直していく必要があります。言い換えれば，自分自身の抱いている「子ども観」や「実践観」を自らの実践を通して繰り返し問い直していくことが，自らの実践哲学や実践理論を形成していくことにつながっていきます。この意味のもとに高杉は，日々の実践を漫然とこなしていくだけでは実践者としての成長にも，実践それ自体の改善にもつながっていかないとし，次のように述べています。

　　私たちは，保育をするときに，保育に対して，ただ経験をいくら積んでも保育はよくならない。その中で，自分の保育の過程や結果を反省して，何がいいのか，どういうときがよかったのか，それはなぜそうなったのかということを問いつめる必要があるのです。その，なぜというところまで突っ込んで物事を考えていかないと，保育のよさ，保育のすばらしさみたいなものを志向することになっていかないのです。[16]

[16]　前掲(1)，p. 159。

　保育や教育の現場で地道に経験を積み重ねていくことは，たしかに職業人としての保育者や教師の成長と結びついていると言えるでしょう。その一方で，「専門家」としての保育者や教師の成長という観点から見るなら，ただ経験を積み重ねていくだけでは足りないと高杉は言います。

　自身の実践の強みや弱みはどこにあるのか。実践が上手くいった，上手くいかなかった，といった感覚の基準になっていることは何なのか。実践の中で自身がこだわっていることや大事にしていることは何なのか。そういったことを日々の実践を通して繰り返し自分自身に問いかけていくことの先に，保育者や教師としての自らの実践哲学や実践理論が見えてくると言えるでしょう。

3　自らを生かす

　さて，保育者や教師の「専門家」としての側面に関わる最後の視点は，自らを生かす，ということです。ここで言う「生かす」という言葉には二つの意味が込められています。一つ目の意味は，自分自身の生き方，ライフスタイルを大切にするということです。そして二つ目の意味は，自分自身の生き方を保育者や教師としての仕事のなかに取り入れてみるということです。

　まずもって重要なことは，自分自身の生き方，ライフスタイルを大切にすることです。少し角度を変えて，趣味や好きなことに費やす時間を大切にする，と表現してもよいでしょう。たとえば，ライブやコンサー

第Ⅰ部　教育の意義と目的

トに行く，美術館や博物館，動物園，水族館に出かける，演劇や舞台，映画を見にいく，楽器を演奏する，絵を描く，旅行に出かける，読書を楽しむ，スポーツを楽しむ，など自分が没頭して楽しめることを大切にする，ということです。自分が好きなことに取り組んでいる時間は，気晴らしになるということだけではなく，自分自身にとっての新たな教養や出会いと結びついていることがあります。そして，趣味の活動や好きなことに取り組むなかで身につけた教養や特技，つながりが自身の保育や教育の実践に幅や可能性を提供してくれる，ということがあります。高杉は，日々，自宅と職場とを行き来することに終始するのではなく，自分の趣味や好きなことに取り組むことを通して新たな視点や発想を手に入れたり，仕事以外のつながりを作っていくことも保育や教育の実践に幅や可能性を持たせるという観点から重要なことであると言います。[17]

⑰　前掲(1)。

　　教師とか保育者というと，子どもたちのために捨て身になる，すべて犠牲をはらうという美談を思い浮かべるかもしれませんが，必要以上に自分を滅することではないと思うのです。人間として，自分をどう最大限に生かすかということが，大切なのではないかと思います。だから，個人の生活も，共同の生活も両方楽しめるような工夫や努力をしている人は魅力的です。[18]

⑱　前掲(1)，p. 162。

　保育者や教師をめぐるイメージの中には，自らの生活や時間を犠牲にして子どもたちのために尽くしている先生が「よい先生」というイメージが少なからずあります。しかしながら，ここで高杉が述べているように，魅力のある保育者や教師というのは，自分自身の生活も充実させながら，保育や教育の実践も充実させることのできる人なのではないでしょうか。

　趣味や好きなことを大切にすることが保育者や教師の「専門家」としての側面に関わるというと意外な感じがするかもしれませんが，ここでは趣味や好きなことを大切にすることが「専門家」としての幅広い教養や実践の充実に結びつく可能性があるという点をもって，保育者や教師の「専門家」としての側面に関わる視点の一つに位置づけておきたいと思います。

　以上，本節では保育者や教師の「専門家」としての側面について「自らの実践を確かな目で見る」「自らの実践の哲学を持つ」「自らを生かす」という三つの観点から学んできました。いずれの観点も，保育者や教師という一専門職としての職業人になる一歩手前のところで，ひとり

の人間としての自分自身に向き合うことが「専門家」としての保育者や教師の成長にとって重要であるということを強調するものでした。

4　魅力ある保育者・教師になるために

本章では一つの専門職としての保育者や教師に求められる資質や心構えについて，教育学者である佐藤学の整理に基づきながら「職人（craftsman）」としての姿と「専門家（professional）」としての姿という二つの側面から学んできました。

その上で，保育者や教師の「職人」としての姿，あるいは「専門家」としての姿は，保育や教育の現場でそれぞれどのような姿として理解することができるのか，その具体的な姿について現場の保育者，教師でもあった高杉の文章を頼りに考えてきました。

ここでは今一度，本章における学びの要点を整理しておきましょう。

表3-1　専門職としての保育者・教師に求められる二つの側面

職人（craftsman）の側面	専門家（professional）の側面
・相手をひとりの人間として尊重する ・相手の内面を理解しようとする ・相手と同じ目線に立つ	・自らの実践を確かな目で見る ・自らの実践の哲学を持つ ・自らを生かす

出所：筆者作成。

表3-1に示したように改めて整理してみると，保育者や教師の仕事における「職人（craftsman）」としての側面は，他者に向かう資質，言い換えれば対‐他者関係における資質として，もう一方の「専門家（professional）」としての側面は，自己に向かう資質，言い換えれば対‐自己関係における資質として理解することができそうです。

もちろん，保育者や教師の仕事における「職人（craftsman）」としての側面と「専門家（professional）」としての側面は，一方をとって他方を捨てるという関係にあるものではありません。双方が両輪となってはじめて現場の豊かな実践に結びついていくと言えるでしょう。

この意味において，一つの専門職としての保育者や教師の成長には，他者に向かう資質の醸成，すなわち「職人」としての成長と，自己に向かう資質の醸成，すなわち「専門家」としての成長の両方が絶えず求められるということになるでしょう。

第Ⅰ部　教育の意義と目的

◆◆保育・教育現場に生かすために◆◆

　保育者や教師の仕事は，子どもが好きであれば誰にでも務まる仕事，というように思われることがあります。もちろん子どもが好きであることや，人の成長を見守り，支える仕事に魅力を感じるということは，保育者や教師の大切な資質の一つと言ってよいでしょう。

　同時に，保育者や教師の実際の仕事は高い専門性と優れた人間性を求められる仕事であることも事実です。そのことを踏まえて本章では一つの専門職としての保育者や教師に求められる資質や心構えについて「職人（craftsman）」としての側面と「専門家（professional）」としての側面という二つの視点から学んできました。

　本章での学びを糧に，専門職としての保育者や教師の姿を具体的にイメージしながら，優れた職人性と高い専門性を備えた魅力のある保育者や教師を目指して頂きたいと思います。

　本章で紹介した高杉自子がかつて語ったように，はじめから素晴らしい人間がいるわけはありません。また，素晴らしくなってから保育者や教師になるというのでは，いつのことになるか分かりません。ですから，今の自分自身が持てるものを持って，そこから少しずつ自分を育てていくという心構えのもとに，こつこつと歩みを進めていって頂きたいと思います。

【Work 3】

　本章を読んで，以下の問いに答えましょう。

1　保育者や教師の「職人性」（他者に向かう資質）の三つの視点から，あなたの過去の経験を書き出してみましょう。あなたが誰かにした経験でも，あなたが誰かからしてもらった経験でも構いません。

①　「相手を尊重すること」について，あなたの経験を書き出してみましょう。

②　「相手の内面を理解しようとすること」についてあなたの経験を書き出してみましょう。

③ 「相手と同じ目線に立つこと」についてあなたの経験を書き出してみましょう。

2 保育者や教師の「専門性」（自己に向かう資質）の三つの視点から，あなたの過去の経験を書き出してみましょう。

① 「自分の取り組みを振り返ること」について，あなたの経験を書き出してみましょう。

② 「こだわりをもって取り組むこと」について，あなたの経験を書き出してみましょう。

③ 「没頭して楽しめること」について，あなたの経験を書き出してみましょう。

第4章

「学び」について考える

　皆さんは，「学び」と聞いて何をイメージしますか。テストでよい点数を取ること，生活で生かせる知恵を身につけること，自分自身を見つけること，共同で課題解決を目指すことなど，多様なイメージが思い浮かんでくると思います。

　本章では，皆さん一人ひとりの経験を基盤にしつつも，保育者や小学校教諭を目指す立場から，子どもたちの「学び」について考えていきましょう。子どもたちと関わる時に意識することが少し変わることでしょう。

＊＊学びのポイント＊＊
①子どもの「学び」について考える。
②子どもの「学び」を支える保育者や教師の役割を考える。
③現在そしてこれからの社会で保育者や教師に求められる能力について考える。

1　「学び」について

　保育者や小学校教諭を目指している皆さんにとって，「学習」と「学び」のどちらが耳馴染みのある言葉でしょうか。「学習」は，経験や練習の結果として生じる持続的な行動の変化であるというように説明されることが多い言葉です。「学び」は，この「学習」にかわって広く使われるようになってきた言葉です。例えば，学習指導要領では「主体的・対話的で深い学び」と使われています。なぜ，「学び」という言葉が広く使用されるようになったのでしょうか。そして，「学び」という言葉で表そうとしていることは何なのでしょうか。「学び」について一緒に考えていきましょう。

2　今，求められる能力とは

1　社会で生きていくために必要な能力とその背景

　現代社会は変化が激しく流動的であり，先の読めない社会です。そのような社会を生きていくために必要な能力とは何なのでしょうか。そして，どうしたらそれらの能力を子どもたちは身に付けることができるのでしょうか。近年，先進国を中心とする世界の国々や地域では，現在そしてこれからの社会で必要とされる能力とは何かが検討され，その能力を子どもたちに育成するための教育が実践されています。本節では，「学び」とは何かを考える前提となる，現在そしてこれからの社会で必

要とされる能力について説明していきます。

「キー・コンピテンシー」や「21世紀型能力」など，呼び方やその能力に含まれる具体的な内容は国や地域によって異なりますが，これまでとは違う能力がこれからの社会を生きていくためには必要であるという認識は，世界的に共通しています。その背景として，人やモノや金，情報や文化などのあらゆるモノやことが，国境を越え，地球規模で流通するグローバル化，ICT（情報通信技術）の進展やICT機器の普及により新しい情報や知識が大量生産され，大量消費されていく情報化，そして，グローバル化や情報化によってもたらされる雇用の流動化，価値規範の流動化などの社会の変化が挙げられます。

2005年に出された中央教育審議会答申「我が国の高等教育の将来像」でも，21世紀の日本社会を，新しい知識・情報・技術が政治・経済・文化などのあらゆる社会領域の活動基盤となる社会，「新たな知の創造・継承・活用」が社会の発展の基盤となる「知識基盤社会」と位置づけています。そして，その特質として①知識には国境がなく，グローバル化が一層進む，②知識は日進月歩であり，競争と技術革新が絶え間なく生まれる，③知識の進展は旧来のパラダイムの転換を伴うことが多く，幅広い知識と柔軟な思考力に基づく判断が一層重要となる，④性別や年齢を問わず参画することが促進されるの四つを指摘しています[1]。また，マイケル・オズボーン（Michael A. Osborne）とカール・フレイ（Carl Benedikt Frey）が2013年に発表した論文「雇用の未来」で，アメリカ国内の労働人口の47％が就いている職種が，10〜20年間で機械に取って代わられる可能性が高いと予測したことはよく知られています[2]。そして，情報化がさらに進展した現在，生成AIが，予測を上回る速さで私たちの生活に入り込んできていることは，今まさに経験していることです。

このように私たちは，変化の激しい流動的な社会，先を見通すことのできない不確実な社会に生きています。そのため，世界の国々や地域では，子どもたちが社会を生き抜いていくため，子どもに育成したい能力を明らかにし，その育成に取り組んでいるのです。表4‐1は，諸外国や機関が子どもたちに必要と考えている能力をまとめたものです。例えば，表4‐1の左列は，1997年から2003年にかけてOECD（経済協力開発機構）が行った「コンピテンシーの定義と選択──理論的・概念的基礎」[3]プロジェクト（通称DeSeCo）で明らかになった「キー・コンピテンシー」を示しています。個人の人生にわたる根源的な学習の力（コンピテンシー）から，「社会や個人にとって価値ある結果をもたらすこと」「いろいろな状況の重要な課題への適応を助けること」「特定の専門家だ

---

(1) 中央教育審議会「我が国の高等教育の将来像（答申）」2005年。https://www.mext.go.jp/b_menu/shingi/chukyo/chukyo0/toushin/attach/1335581.htm（2025年1月8日閲覧）。

(2) Carl Benedikt Frey, Michael A. Osborne, *The Future of Employment: How susceptible are jobs to computerisation?*, UK, 2013, University of Oxford. また，野村総合研究所は，オズボーンらと同様の手法を用いて，日本国内601種の職業を対象に人工知能やロボット等で代替される確率を試算した。その結果，10〜20年後に，日本の労働人口の約49％が就いている職業が，人工知能やロボット等で代替することが可能という推計を発表している。野村総合研究所 News Release「日本の労働人口の49％が人工知能やロボット等で代替可能に〜601種の職業ごとに，コンピューター技術による代替確率を試算〜」2015年12月2日。

(3) OECD（Organisation for Economic Co-operation and Development, 経済協力開発機構）
本部はフランスのパリに置かれている。我が国は1964年にOECD加盟国となった。

第Ⅰ部　教育の意義と目的

表4-1　諸外国や機関が教育目標とする能力

DeSeCo（OECD）		EU	イギリス	オーストラリア	ニュージーランド	アメリカほか	
キー・コンピテンシー		キー・コンピテンシー	キー・スキルと思考スキル	汎用的能力	キー・コンピテンシー	21世紀スキル	
相互作用的道具活用力	言語，記号の活用	第1言語 外国語	コミュニケーション	リテラシー	言語・記号・テキストを使用する能力		基礎的なリテラシー
	知識や情報の活用	数学と科学技術のコンピテンス	数学の応用	ニューメラシー			
	技術の活用	デジタル・コンピテンス	情報テクノロジー	ICT技術		情報リテラシー ICTリテラシー	
反省力（考える力） （協働する力） （問題解決する力）		学び方の学習	思考スキル （問題解決） （協働する）	批判的・創造的思考力	思考力	創造とイノベーション	認知スキル
						批判的思考と問題解決	
						学び方の学習	
						コミュニケーション	
						協働	
自律的活動力	大きな展望	進取の精神と起業精神	問題解決 協働する	倫理的行動	自己管理力	キャリアと生活	社会スキル
	人生設計と個人的プロジェクト						
	権利・利害・限界や要求の表明	社会的・市民的コンピテンシー		個人的・社会的能力 異文化間理解	他者との関わり	個人的・社会的責任	
異質な集団での交流力	人間関係力	文化的気づきと表現			参加と貢献	シティズンシップ	
	協働する力						
	問題解決力						

出所：勝野頼彦「平成24年度プロジェクト研究調査研究報告書教育課程の編成に関する基礎的研究報告5　社会の変化に対応する資質や能力を育成する教育課程編成の基本原理〔改訂版〕」国立教育政策研究所，2013年1月，13頁の図1諸外国の教育改革における資質・能力目標をもとに筆者作成。

けでなく，すべての個人にとって重要であること」という三つの条件を満たすものを「キー・コンピテンシー」として提示しました。具体的には「道具を相互作用的に用いる力」「自律的に活動する力」「異質な集団で交流する力」の三つの力が「キー・コンピテンシー」であり，その中心に，変化に応じて経験から学び批判的なスタンスで考え動く能力である「反省性」が位置づけられています。

　皆さんは表4-1から何を読み取りますか。例えば，どの国や機関の能力も基礎的なリテラシー・認知スキル・社会スキルの三層に分けて構造的にとらえられること，数学や外国語や情報といった教科と直接結びつくのは基礎的なリテラシーであること，認知スキルや社会スキルは教

科を超えて教科を横断して使われる汎用的な能力を表していること，社会スキルに含める内容は国や機関によって異なり多様であることなどを読み取ることができるでしょう。

　ここまでの内容から，現在そしてこれからの社会で必要な能力が，人から与えられた知識を憶えることや，憶えたことをテストの時間に正確に思い出し書けるといったことではないと分かります。身につけた知識や技能（基礎的なリテラシー）の活用方法を自分や周囲の人と共に考え（認知スキル），よりよい社会にしていくために責任を持って積極的に人や社会や地域などと関わる（社会スキル），そのような能力が求められています。さらに，基礎的なリテラシーだけでなく認知スキルや社会スキルを含めた全体的な能力を育成するには，社会スキルの内容が国や機関によって多様であることにも示されているように，他国の方法をそのまま導入するのではなく，それぞれの国や地域の文化，制度などに適した教育のあり方を考えることも必要になってきます。

2　「21世紀型能力」について

　日本でも，現代社会で生きていくために必要な資質や能力とは何かが考えられています。例として，2013年3月，教育政策に係る基礎的研究を行っている国立教育政策研究所の研究調査報告書の中で提案された「21世紀型能力」（図4-1）を見ていきましょう。

　「21世紀型能力」でも，育成したい資質・能力を「基礎力・思考力・実践力」という三層でとらえています。この三層で示される資質・能力は，諸外国や機関が子どもたちに必要と考えている能力をまとめた表4-1の「基礎的なリテラシー・認知スキル・社会スキル」に対応させて考えることができます。

　そして，思考力を支えるのが「基礎力」であり，「21世紀型能力」全体の基礎基本です。言語スキル・数量スキル・情報スキルに関する知識と技能に習熟し，言語・数・情報（ICT）を目的に応じて道具として使いこなせることが目指されます。情報スキルは，ICT化が進んだ現在，社会に参加するために必要です。また，情報スキルは情報の収集や記憶などで活用することによって私たちを助けてもくれますので，現代社会で生きていくためには不可欠のスキルとなっています。

　「基礎力」を土台に育成されるのが「思考力」です。思考力は，個人やグループで問題を発見したり解決したり新しいアイデアを生み出したりする「問題解決・発見力・創造力」，物事を多様な観点から論理的に考察する「論理的・批判的思考力」，自らの学習が目的や目標に照らし

(4)　勝野頼彦『平成24年度プロジェクト研究調査研究報告書 教育課程の編成に関する基礎的研究報告書5 社会の変化に対応する資質や能力を育成する教育課程編成の基本原理〔改訂版〕』国立教育政策研究所，2013年。

第Ⅰ部　教育の意義と目的

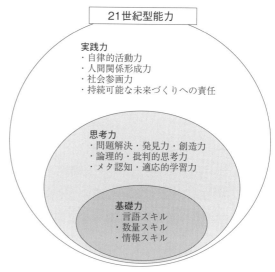

図4-1　21世紀型能力

出所：勝野頼彦『平成24年度プロジェクト研究調査研究報告書　教育課程の編成に関する基礎的研究報告書5　社会の変化に対応する資質や能力を育成する教育課程編成の基本原理〔改訂版〕』国立教育政策研究所，2013年3月，26頁の図9　21世紀型能力をもとに筆者作成。

て順調に進んでいるかをモニターし必要であれば学習を軌道修正していく「メタ認知・適応的学習力」で構成されています。つまり，問題を解くために必要な思考力，問題を解いた後に新しい疑問やアイデアを考える思考力，問題の解き方を振り返って次の機会に生かす思考力と言えます。重視されるのは，知っている答えをあてはめるのではなく，自分と他者の考えを合わせて検討し，新しい答えを見出していく力です。

　基礎力や思考力の使い方を方向づけるのが「実践力」です。実践力とは，現実の生活や社会で生じている問題を，自分たちが身につけている基礎力や思考力を活用して解決しようとする時に働く力です。課題を解決しようと思う時や課題解決のために行動している時の自分の気持ちをじっくり思い出してみてください。皆さんの気持ちには，「〜したい」や「〜のため」や「〜だから」といった目的や意図があり，意識的に行動しているのではないでしょうか。このことから，実践力には，目的や意図などのような行動の方向性を決める価値と，目的や意図を行動に移し実現するための能力が含まれていることが分かります。実践力は「自律的活動力」「人間関係形成力」「社会参画力」「持続可能な未来づくりへの責任」で構成されています。自分自身に関わる価値や能力である「自律的活動力」を例にすれば，節制・向上心・主体性・自尊・不撓不屈といった価値と，自分の行動を調整する力・自分の生き方を考える力・自分のキャリアを設計する力などの能力とが結びついて，自分が納

得できる実践や社会をよりよくする実践を行うことができると考えれば分かりやすいでしょう。そして，実践力に「人間関係形成力」「社会参画力」「持続可能な未来づくりへの責任」があることからも，社会に参加することを通して社会の様々な課題を発見し，人々と協力しながらその課題を解決へと導く能力が必要であると考えられていると読み取ることができます。

　ここまで「21世紀型能力」を説明してきました。先述したように，「21世紀型能力」の三層と，世界の国々や地域で子どもに育成しようとしている能力（基礎的なリテラシー・認知スキル・社会スキル）の三層とを比較すれば，日本が教育をめぐる世界の潮流の中にあることは明らかです。そして，学校教育法第30条第2項に「生涯にわたり学習する基盤が培われるよう，基礎的な知識及び技能を習得させるとともに，これらを活用して課題を解決するために必要な思考力，判断力，表現力その他の能力をはぐくみ，主体的に学習に取り組む態度を養うことに，特に意を用いなければならない」（下線は筆者）とあり，現在の日本の学校教育においても，知識や技能だけでなく，教科を超えた汎用的な能力の育成を目指していることが分かります。

3　「学び」について考える

■1■　発達の最近接領域

　前節で見てきたように，現在そしてこれからの社会を生きていくために求められる能力とは，基礎的なリテラシー（「21世紀型能力」では基礎力）と，その基礎基本の上に成り立つ汎用的な能力（認知スキル・社会スキル，「21世紀型能力」では思考力・実践力）であり，汎用的な能力の重要性が増していることが分かりました。学校の教科との関連が見えやすい基礎的なリテラシーを身につける方法は，皆さん自身の経験からイメージしやすいでしょう。それでは，基礎的なリテラシーだけでなく認知スキルや社会スキルを含めた全体的な能力を身につけるためには，どのような「学び」が必要なのでしょうか。

　「学び」について考える時の重要な概念の一つに「発達の最近接領域」があります。これは，旧ソビエトの心理学者であるレフ・セミョーノヴィチ・ヴィゴツキー（Vygotsky Lev Semenovich 1896-1934）が，子どもの発達過程と教育の可能性との関係，もう少し具体的に言うと，子どもの発達と大人が子どもとの相互作用の中で行う教育的関わりとの関係を説明するために提示した概念です。ヴィゴツキーの著書『思考と言語』[5]

(5)　ヴィゴツキー著，柴田義松訳『新訳版・思考と言語』新読書社，2001年。

第Ⅰ部　教育の意義と目的

(6)　ヴィゴツキー著，土井
捷三・神谷栄司訳『「発達
の最近接領域」の理論——
教授・学習過程における子
どもの発達』三学出版，
2003年。

及び『「発達の最近接領域」の理論——教授・学習課程における子どもの発
達[6]』に依りながら「発達の最近接領域」について見ていきましょう。

　子どもは，共同の中で助けや指導があれば，自分一人でする時よりも
多くの問題，困難な問題を解くことができるとヴィゴツキーは考えます。
例えば，自主的活動で解決できる，言い換えれば自力で解決できる問題
のレベルが同じ子どもが二人います。ここでは二人とも自力で解決でき
る問題をAとします。その二人の子どもに，自力では解決できないレベ
ルの問題Bを示しました。すると，一方の子どもは大人の助け（誘導的
な質問，範例，教示など）を借りながら問題Bを解決することができまし
た。しかし，もう一方の子どもは大人の助けを借りながら問題Bを解決
しようとしましたが，解決することはできませんでした。「発達の最近
接領域」とは，このような，子どもが自力で解決できる問題のレベル
（問題A）と，自力では解決できないけれども，共同の中で，大人の援
助や指導があって，指示に従いながらであれば解決できる問題のレベル
（問題B）との差によって生じる領域のことを指します。

　そして，この領域が生じる原因を考える中で，ヴィゴツキーは学びに
おける「模倣」の意義に言及しています。「模倣」は，自主的な活動で
はなく，誰にでもできる機械的な活動で，子どもの発達状態を表わす活
動ではないと考えられがちです。もし「模倣」が機械的な活動なのであ
れば，先の二人の子どもは，同じように大人を「模倣」して問題を解決
できたはずです。一人は解決できて，もう一人は解決できなかったとい
うことは，「模倣」が子どもの発達状態や知的能力によって決定される
活動であり，「模倣」できるということが，その子どもの発達の可能性
を示していると言えるのです。そして，この発達の可能性は「発達の最
近接領域」と一致すると，彼は指摘しています。「模倣」は，子どもが
自力で解決できる課題から自力では解決できない課題へと橋渡しする活
動であり，ヴィゴツキーが「子どもが今日共同でできることは，明日に
は独立でできるようになる」と書いているように，自力で解決できる範
囲を広げていくための活動なのです。

　それでは，「模倣」「発達の可能性」「発達の最近接領域」と教育とは
どのような関係なのでしょうか。ヴィゴツキーは，学校における教育的
関わりのほとんどが「模倣」によって行われると書いています。学校に
おいて子どもは，自分が一人でできることではなく，自分ではまだでき
ないけれども教師の協力や教師の指導のもとではできること，可能なこ
とを学ぶのです。教育的関わりで基本的なことは，子どもが新しいこと
を学ぶということですから，子どもの次の発達を決定している「発達の

最近接領域」に働きかけることが，発達と教育との関係において重要なのです。教育は，遺伝などの生まれもった内的な要因から時間がたつと自然に生じる成熟の影響を受けますが，成熟を待っているのではありません。子どもの発達を先回りして，まさに成熟しつつあるところ・「模倣」できるところ・「発達の最近接領域」に働きかける教育が正しい教育であるとヴィゴツキーは論じています。

この「発達の最近接領域」をめぐる考え方は，子どもの「学び」における共同や人をはじめとする周囲のモノやことと関わること，それらとの相互作用や関わりを持つことの重要性を示しています。

2　相互作用から生まれる「学び」

次に，ヴィゴツキーの「発達の最近接領域」に関わる言説から「学び」について考えていきましょう。

ヴィゴツキーは，すでに説明したように「教授は，模倣が可能なところでのみ可能である」と「発達の最近接領域」の説明の中で「模倣」に言及しています。[7] この言及から，①「学び」のためには，自分以外の誰かと相互作用を持つことが必要である，②自分以外の誰かが答えを教えてくれるのではなく，答えは自分でつくりあげていくものである，という二つのことを読み取ることができます。そしてまた，「模倣」を「教授─学習が発達におよぼす影響の実現される主要な形式である」とも言っています。[8] このことから，ヴィゴツキーが，「学び」を個人の中で完結し周囲に対して閉じられたものと考えるのではなく，「学び」が他者からの働きかけと子どもの行動との相互作用によって生じ，「学び」は社会や文化や歴史と連続性を持って成り立つと考えていることが分かります。

私たち人間は一人で生きているのではありません。社会をつくり，その中で共に生き，それぞれが持っている知識やスキルを出しあい，それぞれの不足を補いあって生活しています。日常生活で生じる課題を解決するために，人々との協働を通して，その状況に対して最適と思われる答えを探究していくのです。「学び」とは，社会や文化や歴史から切り離され抽象化された知識をおぼえることではなく，他者と関わったり，協働したりしながら，状況や文脈にあった知識や理解を他者と一緒につくりあげていくことと言えるでしょう。

(7)　前掲(5), p. 302。

(8)　前掲(5), p. 301-302。

4　保育者や教師の役割

　本章の第一節で，「学習」を経験や練習の結果として生じる持続的な行動の変化と紹介しました。そして，第3節で「学び」について考えてきました。本章の最後に，子どもの「学び」のために求められる保育者や教師の役割について触れておきます。

　「学び」が，人と人，人やモノ，人と自然などとの相互作用や関係性を通して生じるのであれば，子どもの「学び」のためには，子どもが，人やモノや自然などと関わることができる環境や関わる機会に参加することが必要です。この環境や機会を整えることが，保育者や教師の役割となります。そして，子どもたちと関わりながら，答えを教えるのではなく，保育者や教師が「学び」を実践するモデルとして，子どもと共に知識や理解をつくりあげていく役割も担っています。それは，「学び」が「模倣」から生じるということにもつながっています。さらに，一人ひとりの子どもの「発達の最近接領域」を見つけ，子どもが自力では達成できない課題に取り組み，課題を解決あるいは達成するための援助や，足場かけをすることも保育者や教師には求められます。

　「学び」は他者から教えられることで成立するのではなく，自分でつくりあげるものです。子どもだけでなく，今の私たち自身にも必要なことは，そのような「学び」を私たちが自らのものとし，実践することです。保育者や教師が，「学び」上手であること，人と共同しながら学んでいける存在であることが求められます。まずは，皆さんが過ごしているその教室が，「学び」の場となるよう行動してみましょう。

参考文献

ドミニク・S・ライチェン，ローラ・H・サルガニク編著，立田慶裕監訳『キー・コンピテンシー　国際標準の学力をめざして』明石書店，2006年。

佐伯胖・藤田英典・佐藤学編著『シリーズ「学びと文化」1　学びへの誘い』東京大学出版会，1995年。

田島信元『認識と文化1　共同行為としての学習・発達──社会文化的アプローチの視座』金子書房，2003年。

ジーン・レイヴ，エティエンヌ・ウェンガー著，佐伯胖訳，福島真人解説『状況に埋め込まれた学習　正統的周辺参加』産業図書，1993年。

ケネス・J・ガーゲン，メアリー・ガーゲン著，伊藤守監訳，二宮美樹翻訳統括『現実はいつも対話から生まれる』ディスカヴァー・トゥエンティワン，2018年。

第4章 「学び」について考える

◆◆保育・教育現場に生かすために◆◆

「階段型（プログラム型）」と「登山型（プロジェクト型）」というカリキュラムを構成する時の二つの様式を聞いたことがありますか。簡単に説明すると，「階段型（プログラム型）」は，目標（ゴール）に向かって，なるべく短い時間や距離で，つまり効率よく階段を上り目標に到達することを目指すカリキュラムです。学習者が楽に上れるように，階段一段の高さを低くするといった工夫がされたりします。また「登山型（プロジェクト型）」は，山頂（テーマなど）に向かういくつものルートの中から自分でルートを選び，登る過程での経験も学びとしながら進んでいくカリキュラムです。現在そしてこれからの社会で必要とされる能力を子どもたちに育成するためには，「登山型（プロジェクト型）」のカリキュラムが重要であると言われています。

幼児期の教育は，従来から子どもの遊びを中心にしています。子どもの遊びにはゴールはありません。集団遊びを例にすれば，「お店屋さんごっこ」や「砂場での山づくり」など，自分たちのイメージを実現するために試行錯誤しながら繰り返し遊びます。そして，友達やモノなどとの関わりを通していろいろなことを学んでいくのです。そのことから，保育や幼児教育は，「登山型（プロジェクト型）」のカリキュラムに馴染みやすいと言えるでしょう。

とはいえ，子どもたちを自由に遊ばせておけばよいわけではありません。保育者や教師は，遊びの中で経験していることが，子どもの発達にとって意味のある経験となるように環境を整えたり，子どもに働きかけたりしなければならないのです。そのためには，まず，子どもが遊びの中で経験していることや学んでいることを読み取る力を身につけることが必要です。実習などで子どもと関わる時，子どもの思いを知ろうと努めることから始めてください。それを繰り返すことで，目には見えない子どもの経験や学びを読み取れるようになるでしょう。

【Work 4】

本章を読んで，以下の問いに答えましょう。

1　あなたが感じている社会の変化をあげてみましょう。その変化を共有したうえで，原因（背景）について，グループで考えてみましょう。

第Ⅰ部　教育の意義と目的

2　皆さんが保育者や教師として関わる子どもたちが，将来の社会で生きていくために必要な
能力は何だと思いますか。書き出してみましょう。そして，子どもたちがそれらの能力を身
につけるために，保育者や教師は何ができるでしょうか。グループで考えてみましょう。

第Ⅱ部

教育の思想と歴史

第5章

西洋の教育思想

　本章では，西洋における教育の思想をとらえることで，教育や子どもの発達について学んでいきます。まず，教育とは何かを考えた思想家たちを紹介します。そもそも何をもって教育は教育とみなされたのでしょうか。続いて，子どもについてこれまで思想家たちがどのように考えたのか見ていきましょう。時代によって，子どもとはどのような存在としてとらえられたのでしょう。また，学校について思想家たちは，子どものためにどのような準備をしてきたのでしょうか。最後に人間の発達について思想家たちはどのようにとらえてきたのかも学んでいきましょう。

＊＊学びのポイント＊＊
①西洋では教育や学校はどのようにとらえられてきたのか理解する。
②子どもはどのように認識されてきたのかを知る。
③子どもの発達はどのように考えられてきたのかをたどる。

1　教育のとらえ方

　教育の思想の誕生は，教育の「可能性」の誕生とも言えます。人が生まれてから何の成長も学びも遂げないとするならば，教育の存在意義はなくなってしまうからです。

　では，教育とはどのようにとらえられてきたのでしょうか。歴史を学ぶことの目的は，歴史的事実や人物を確認したり，単に暗記するものではありません。これまでの教育思想を知ることから，現在の教育を考えるきっかけとしたり，未来の教育への手立てを見出すこともできるのです。

　当時の思想家が，なぜそのように教育や子どもをとらえたのか，その背景や，それらが私たちのとらえる教育や子どもとどのような点で共通しているのか，また異なるのか，地続きにつながりを感じてください。教育や子ども，発達のとらえ方の変遷をたどっていきましょう。

(1)　プラトン，久保勉訳『ソクラテスの弁明・クリトン』岩波書店，1999年，p. 23。
ソクラテスの考えは，ソクラテスの死後，弟子のプラトンや，そのまた弟子のアリストテレスに引き継がれていく。このように思想とは，のちの世に引き継がれ影響を及ぼした。

1　ソクラテス

　古代ギリシャ時代に既に教育についての考えは示されました。哲学者のソクラテス（Sōkrátēs 紀元前470頃-紀元前399）は，「何事をも知らぬことを自覚」すること（無知の知）を主張しました。ちなみに哲学（philosophy）とは，知（sophia）を愛すること（philein）に由来しています。

　知の探究にあたり，ソクラテスは，「引き出す」という学習支援を大切にしました。母親が産婆であったソクラテスは，出産の様子をヒント

56

にしたのです。出産において，産婆（現代なら多くが，産科の医師）は，単純に外から胎児を引き出せばいいわけではなく，胎児の様子を理解して，胎児を促し，また母親の状態も注意しながら，そのタイミングをはかります。ソクラテスは，同じように，教育も人間の状況を理解し，促し，助けることが大切だと主張しました。自分ではなく，相手が知恵を生み出すのを助けることであったので，これを，助産術または産婆術と名付けました。今日の授業で言えば，子ども自らの発問を中心にした教授法に近いことは，古代ギリシャ時代に既に大切だと主張されていたのです。この考えは全く古い考えとも言い切れず，現代においても教育の本質とはこのように子どもの様子を確認しながら，子どもの学習や発達を引き出す営みと考えることはできるのではないでしょうか。ソクラテス自身の書物は残されていませんが，その弟子，プラトンらによってソクラテスが考えたことについては書き記されています。

2 ヨハネス・アモス・コメニウス

チェコの教育思想家，ヨハネス・アモス・コメニウス（Johannes Amos Comenius 1592-1670）は，教育によって人間が人間になると主張しました。あらゆる人にあらゆる事柄を教えることを目指しました。世界で最初の教育学の体系的なテキスト『大教授学』(1657年)[2]を記しています。そのため，近代教育学の祖とされています。乳幼児教育においては，6歳までは家庭での母による母親学校[3]で育つことの重要性を示しています。幼い子どもたちへの教育を見出したという点で，コメニウスは保育や幼児教育の大切さにつながることを提示してくれています。

また，世界で初めて，絵入りの教科書，『世界図絵』(1658年)[4]をつくり，字がまだうまく読めない子どもたちにも学ぶことを促しました。コメニウス以前に，いわゆる絵本のような子どもが理解することを助ける教科書はありませんでした。あらゆる事象や事物を総合的に絵入りで表現して示すことにより，子どもはその事象や事物を示す言葉を覚えることができました。そこで目指したのは，観察や経験，遊びを通した学びです。『世界図絵』は，現代のイメージでは百科事典のような書物でした。木版画のイラストと，それらを示す言葉がラテン語で記載されています。絵を見ることによって子どもは物事のイメージを把握することができます。絵本がなかった時代，これは画期的な書物でした。現代のチェコの絵本，『きつねものがたり』(1937年)[5]や『もぐらとずぼん』(1962年)[6]などは，素朴な色合いや温かいお話が多く世界中で愛されていますが，絵と文字で子どもたちに物事を伝えるということは，コメニ

(2) J. A. コメニウス『大教授学』東信堂，2022年

(3) **母親学級**
コメニウスは，これを「母親の膝の上で」と表現している。当時，母親による家庭教育をとおして行われたことを，現代では母親に加え父親や保育に求められている。

(4) J. A. コメニウス『世界図絵』平凡社，1995年。

(5) ヨセフ・ラダ作・絵『きつねものがたり』福音館書店，1966年。

(6) エドアルド・ペチミカ作，ズデネック・ミレル絵『もぐらとずぼん』福音館，1966年。

第Ⅱ部　教育の思想と歴史

ウスからはじまったのです。

2　子どものとらえ方

　子どもは大人とどのように異なるのか，また同じなのか考えた思想家たちが存在します。大人から見た子どもはどのように考えられ，また扱われてきたのでしょうか。子どもについて考えた教育思想家たちを見ながら，現代の私たちの子どものイメージにつながる系譜をたどっていきましょう。

1　ジョン・ロック

　イギリスの政治思想家であったジョン・ロック（John Locke 1632-1704）は，教育についても考えました。生まれたばかりの人間は，「タブラ・ラサ（ラテン語で「何も刻まれていない石板」「白紙」）」であり，教育によって様々な知識や観念（考え）を獲得するようになるとしました。[7]つまり経験を重んじ，感覚を通して白紙（子ども）に（大人が）記録していくことで，一つひとつのものの名前や事象を子どもは教わっていくとしました。すなわち，人は，どのようにも形成されていくということです。教育という営みへの畏敬も感じられる表現です。また，ロックは，保護するべき存在として子どもを見出しました。紳士（ジェントルマン）を育成するための教育として家庭での教育の大切さを示す一方で，貧しい環境にいる子どもたちへの教育の必要性も同時に訴えました。体づくりや健康管理，欲求の抑制や勤勉，知力の増進と自己啓発等を，教育する側からの訓練によって子どもは修得すると考えました。ロックの著書には，他にも『教育に関する考察』（1693年）があります。

2　ジャン＝ジャック・ルソー

　フランス革命にも思想的に影響を及ぼしたジャン＝ジャック・ルソー（Jean-Jacques Rousseau 1712-1778）は，「子ども」を発見した人物として知られています。[8]子どもを「発見」するとはいかなることでしょうか。いつの時代にもそこここに子どもは存在し，だからこそ人類は連綿と命をつなぐことができました。しかし，子どもを見てその純粋さに感動したり，愛情をかけて慈しんで育てるということができなかった時代がありました。当時の人々が，現代の私たちよりも冷たい人間であったわけではありません。死亡率が現代に比べはるかに高い時代，また，貧富の差が現代よりもはるかにあった時代，子どもを温かく育てる余裕は社会

(7)　ジョン・ロック『人間知性論』岩波書店，1972年。

(8)　日本でも広く知られている童謡『むすんでひらいて』を作曲した。第10章1　2も参照。

58

第5章　西洋の教育思想

にはなかったのです。そのようななか，ルソーは「子ども」をより文化
的な存在として見出したのです。

　ルソーは，これまでの社会では，子どものうちに大人と同じような振
る舞いを求め，大人になる前の子どもの在り方を考えていなかったこと
を批判しました。つまり，子どもには，子ども期特有の大切な時期があ
ることをルソーは主張します。これはつまり，大人を目指して準備する
期間とみなす子ども期ではなく，子どもが子どもらしくある子ども期を
意識して子どもを育てていくという考えです。この考えは，ルソー以前
に当たり前に広く存在はしませんでした。ルソーの考えの延長線上に今
日大切にされる子どもの権利は生まれていくのです。

　ルソーは，著書『エミール』（1762年）[9]のなかで，子どもの自然な成
長を促す教育を大切にしています。『エミール』は小説のスタイルを
とった教育にまつわる物語で，家庭教師に育てられる男の子エミールの
お話です。

　フィクションではありますが，ルソーが理想とした教育をこの物語か
ら読み取ることができます。教え込みの形をとらず，子どもが自然に成
長していく配慮が物語の様々なエピソードを通して見出すことができる
ため，それは自然主義教育，消極的教育とも言われています。

　ルソーは子どもを発見したと言われていますが，その芽生えは前述の
ロックにも見ることができます。人間の能力を開発，訓練する可能性を
ロックは示しています。ルソーはロックの書物にも大いに影響されてい
たと言われます。このように，思想は独立したものではなく，互いに影
響を及ぼしているのです。

　有名な思想家については，彼らの思想とともに，著書も重要です。現
代とは考え方が違う部分も多くあります。たとえば，『エミール』では，
男児と女児では育て方を別とし，与えるべき教育も異なるものとしてい
ます。現代においては，このような考えは正しいものとは言えませんが，
歴史的背景をふまえるためには大変興味深いものです。

3　ヨハン・ハインリヒ・ペスタロッチ

　ルソーに影響を受けたスイスの教育思想家，ヨハン・ハインリヒ・ペ
スタロッチ（Johann Heinrich Pestalozzi 1746-1827）[10]は，産業革命の進行
が生み出す市民の悲惨な生活状態を前に，世話をしてくれる人のいない
子どもの教育を考え続けました。工場で長時間働く大人たちは子どもを
手厚く保護することは難しかったのです。また，子どもであっても5歳
や6歳であれば工場で働くこともありました。

[9] ジャン＝ジャック・ル
ソー『エミール』岩波書店，
1962年。

[10] 第1章4も参照。

59

第Ⅱ部　教育の思想と歴史

　ペスタロッチの教育は直観教育とも言われています。自然そのものから，そして感覚器官によってとらえられ，自己や外界を主体的に把握する直観を大切にしました。座学だけではなく，生活を通して「陶冶」することの重要性を見出したのです。陶冶とは，文字通り，意味のある形を作り上げること（陶），そして，ものを溶かして作り上げること（冶）という意味が含まれています。つまり，人の性質や能力を育てることが大切であると主張しました。教育と言う言葉が使われる以前，日本では教育の営みを「ひとねる」と表現しましたが，人が人として形成されていく様子ともつながります。

　ペスタロッチの著書『隠者の夕暮』（1780年[11]）では，貧しい子どもへの学校運営の経験を踏まえて，あらゆる身分の子どもにとって教育が大切であることを示しています。教育において生活を大切にしたペスタロッチは，家庭教育における親の愛情や，家庭的な信頼関係を重要視しています。親に代わるそのような愛情や信頼関係の重要性については今日の保育・幼児教育においても求められています。

4　フリードリヒ・フレーベル

　とりわけ幼児教育における最重要人物の一人に，ドイツの教育思想家のフリードリヒ・フレーベル[12]（Friedrich Wilhelm August Fröbel 1782-1852）がいます。フレーベルは世界で初めて，幼稚園を設立しました。ドイツ語で幼稚園は「キンダーガルテン（Kindergarten）」と言います。これは，ドイツ語で子ども（Kinder）の庭（Garten）に由来するものです。皆さんは，そこでの営みをイメージすることはできますか。園庭で植物を大切に慈しみ育てるように子どもたちを育てることをフレーベルは主張します。フレーベルは遊ぶ子どもの姿に子どもの可能性を見出します。フレーベルによって生み出された幼稚園では，遊びは学びとして大切にされ，子どもたちにふさわしい教具，「恩物」が考案されました。毛糸でできたやわらかい球や角を取り払った木製の立方体など，基礎となる丸，三角，四角の形で，数学的な原理の学習や生活の周囲にあるものをこの教具で表現したりして遊びます。これらの教具が新しかったのは色使いも考えられていたことでした。子どもが手にする遊具の形や色の配慮といった，現代では当たり前のことが，恩物によって始まったのです。フレーベルの著書には『母の歌と愛撫の歌』（1844年[13]）があります。

（11）　J. H. ペスタロッチ『隠者の夕暮・シュタンツだまり』岩波書店，1982年。

（12）　フレーベルはペスタロッチの学校で二年働いた。このように，それぞれの教育思想家たちはあらたな教育思想家へと影響を及ぼしている。

（13）　フリードリヒ・フレーベル『続幼稚園教育学・母の歌と愛撫の歌──フレーベル全集第5巻』玉川大学出版部，1981年。

5 エレン・ケイ

スウェーデンで子どもや女性の支援に力を注いだエレン・ケイ（Ellen Karolina Sofia Key 1849-1926）は，著書『児童の世紀』（1900年）のなかで，20世紀を子どもの世紀であると主張しました。教育的のみならず，福祉的理解を示して子どもを理解した思想家と言えます。20世紀が子どもの世紀であると描いたケイが生きた時代は，逆に言うと，子どもの世紀ではなかったということです。女性の立場についてのケイの考えは，婦人解放運動にも影響を及ぼしています。やがてケイが思い描いた子どもの権利は，20世紀に，「児童の権利に関する条約（子どもの権利条約）」として守られるようになります。いち早く教育や福祉の未来について訴えたことは，当時，日本を含め世界的に大きな話題となりました。

彼女は，教育の最大の秘訣は教育しないことにあると言います。教育の重要性や子どもが見出された時代に，教育を否定するようにも考えられますが，ケイの主張はそうではありません。教え込みを否定し，本来の子どもの成長を尊重しようとしたのです。教え込みによる弊害について彼女は懸念しているのです。その教え込もうとしている内容は果たして本当に正しいのか，今一度立ち止まって考える必要を訴えました。

3　学校の成立と教育思想

続いて，いわゆる私たちがイメージする学校の誕生から，それ以降どのような思想が生まれたかについて注目していきましょう。教室の中に机と椅子が並び，子どもたちが並んで着席し，前方で一人，もしくはごく限られた人数の教師が学習内容を教えるという学校は，近代以降に生まれます。

すべての子どもがその対象となる近代公教育は，市民革命や産業革命を経て，19世紀の後半以降に誕生しました。そこでは，少数の教師が，大勢の子どもを教えることとなりました。その教育は，一斉教授と言われています。教育内容は，読み書き計算と労働力として必要な一定の科学的知識，技術に加え，国家主義的な道徳を扱いました。

さて，近代公教育が広がるにつれ，今度は批判が生じます。批判は，学校が，従順で良質な労働力を大量につくりあげていること，教師中心の学習内容の詰め込みであること，また，子どもの個性が無視されることについて懸念したものでした。近代公教育の課題は，その後，一人ひとりの子どもの人格や個性，もっと言うならば発達の過程を受け止めたものになろうとしました。障害を持つ子どもたちや，外国にルーツを持

(14) ケイもまた，過去の思想家に影響を受けている。ルソーの教育を参考としていることは著書でも言及されている。

(15) エレン・ケイ『児童の世紀』冨山房，1979年。

第Ⅱ部 教育の思想と歴史

つ子どもたちへの配慮といった現代であれば当たり前のことも，ここではまだ考えられていなかったのです。

このようにすべての子どもが学校に通うように制度が整った後，大勢の子どもを一人の教師が教えるという教育のかたちの一斉教授が始まりました。たくさんの子どもたちが同時に学ぶことを可能とした半面，一斉教授には問題もありました。子ども一人ひとりへの細やかな指導は行きわたらないという点を克服するため，一斉教授ではない教育のかたちを模索した新しい教育の運動，新教育運動が世界中で起こりました。新教育運動では，しばしば「児童から」というスローガンが提示されます。これは，先に挙げたエレン・ケイの『児童の世紀』から引用された言葉です。新教育運動は一貫して子どもたちの興味や関心，経験を重視しました。ここでは，学校について考えた思想家としてアメリカの教育思想家ジョン・デューイ（John Dewey 1859-1952）と，幼児のための教育を考えたマリア・モンテッソーリ（Maria Montessori 1870-1952）を見ていきましょう。

1 ジョン・デューイ

新しい教育運動，新教育運動は，子どもの自由や自発性の尊重，興味や経験の重視，自然のなかでの教育，生活と教育の結合，労作教育や個別学習の重視を訴えました。その課題は現代も考え続けられています。私たちが知る現代の公教育制度は，このような流れの線上にあるのです。

デューイの教育は，プラグマティズム（実用主義）の実践とされています。ルソーとは異なり，デューイは子どもを自然に育てようとはしていません。自然なままにしておくのではなく，積極的な働きかけを重要視しました。彼の教育は，経験主義，実験主義を教育の基本としました。

子どもの自発的な活動から探究的な学習を引き出すことを試みます。シカゴ大学における大学付属実験学校では，4歳から12歳の子どもたちが，自発的に観察や実験を行える環境を整えました。子どもが学習内容を選びとるのです。彼の考えは，こんにちの生活科や総合的な学習の時間にも影響を与えています。知識の暗記のような受け身の学習を否定し，子ども自ら問題を発見し解決していく能力を身につけていくことを大切にしました。これを，問題解決学習と言います。彼は人間の自発的な成長を促すための環境を整えることが教育においては大切であるとしました。著書に『学校と社会』（1899年）があります。これまでの教育が大人側からの教え込みや一斉教授であったのに対し，これからは子どもが中心となって，そのまわりを教育の様々な営みが回転するとしました。

⒃ プラグマティズム（実用主義）
哲学用語で行動によって知識を検証するということ。デューイは，哲学の理論を，教育の実践によって証明した。

第5章　西洋の教育思想

デューイのこの考えは，子どもを太陽と見立てて，その周りを教育の様々な営みが惑星のように巡ることをイメージしました。ルソーらによってこれまでにも語られてきた子どもを中心とする考え方が，ようやく学校教育の方法として実践されるようになったのです。

2　マリア・モンテッソーリ

　マリア・モンテッソーリ[17]は，幼児教育において最重要人物の一人です。イタリアで初めての女性医師であったモンテッソーリは，その見地から，知的障害児の治療教育として感覚教育法を考案しました。それを彼女は，ローマのスラム街に設立された幼児収容施設「子どもの家（Casa dei Bambini）」で貧困の子どもたちに応用します。感覚教育は，鮮やかに色付けされた木製玩具を用いて大きさや数を理解したり，表現することを目的としました。

　フレーベルのように，彼女もまた独自の教具を開発しました。けれども，フレーベルが教具を自由な遊びとして用いたのに対し，モンテッソーリの教具は，感覚の訓練や日常における動作の運動の意図がありました。そのため，その活動は子どもにとっての「仕事（Arbeit）」として扱われていました。

　子どもが自分で取り組めるような「整備された環境」のなかで，自分で選んだ活動に満足のいくまで繰り返し取り組みながら様々な能力を獲得していくことを大切にしました。つまり，適切な学習環境を与えれば，子どもは自ら選びとることができると考えたのです。感受性を重んじたモンテッソーリは，感受性の育成に大切な幼児期に子どもの自由で自発的な活動を可能とする環境を整えました。そこでは，子どもたちが集中して自分の活動に取り組めるように，子どものサイズに合わせた家具や室内のレイアウトが整えられました。この教育法は，現在，幼児教育の現場で「モンテッソーリ・メソッド」[18]として知られています。日本においてもたくさんの幼児教育の現場で確認することができます。モンテッソーリの著書には，『子どもの発見』（1909年）[19]があります。

4　子どもの発達と教育思想

　最後に，子どもの発達について考えた思想家たちはどのようなことを示したのか見ていきましょう。子どものみならず私たちは生涯発達し続ける存在として現代では理解されていますが，これまで様々な思想家たちが発達について考えてきました。

[17]　マリア・モンテッソーリの生涯を描く絵本も出ている。マリア・イザベル・サンチェス・ベガラ作，ケル・マルティン絵『マリア・モンテッソーリ』ほるぷ出版，2022年。

[18]　モンテッソーリ・メソッド
日本でも，モンテッソーリの教具を用いたモンテッソーリ・メソッドを実践する幼児教育の現場では，モンテッソーリ・メソッドの活動時間を「おしごと」と称して，子ども自らが選び取ったモンテッソーリ教具を用いた取り組みの時間にしている。

[19]　マリア・モンテッソーリ『子どもの発見』国土社，2001年。

63

第Ⅱ部　教育の思想と歴史

1　ジャン・ピアジェ

　スイスの心理学者，ジャン・ピアジェ（Jean Piaget 1896-1980）は，子どもを大人の文化へ強引に同化させようとしてきた伝統的な教育の在り方を批判し，教育の出発点を子どもに置くことを主張しました。この批判は，新教育運動の実践にも応用されていきます。

　子どもの思考の特質は自己中心性であるということを示しました。つまり，子どもは，自分を中心にして世界を知覚しているのです。自分以外の視点を持たないため，相手の状況を理解することは難しいのです。子どもは，そこから脱中心化を図り，他者の視点を認識するようになるのです。

　ピアジェは，子どもの認識の発達段階を四つに分けました。感覚運動段階（0－2歳）に，子どもは模倣行動を始めます。前操作段階（2－7歳）には，イメージを作り上げることができるようになります。続いて，具体的操作段階（7-12歳）には，具体的な物事に対して論理的思考を行うことができるようになります。形式的操作段階（12歳以降）には抽象的なことにも論理的な思考を行うことができるとしました。ピアジェには，著書『知能の心理学』（1951年）[20]などがあります。その後の研究により，ピアジェが考えた以上に子どもの能力は現在見出されています。それでもなお，ピアジェが打ち立てた思想は，子どもの認知能力についての発達を理解するのには有効であるとして教育学で扱われています。

2　アドルフ・ポルトマン

　スイスの生物学者，アドルフ・ポルトマン（Adolf Portmann 1897-1982）は，著書『人間はどこまで動物か』（1956年）[21]において，人間が未熟な存在として誕生し，一年ほどたった後に，歩き始め，話し始めることから，人間の「生理的早産説」を示しました。人間以外の高等哺乳類は，生まれてすぐに自分の足で歩き，自分で食事をすることができます。けれども人間の場合，およそ1歳になってやっと歩き，自分で道具を使ったり，言葉を使ったりするようになります。生物学的な分類としての「ヒト」として生まれただけでは生きていくことはできないため，大人が世話をし，「ひと」として育て，漢字の成り立ちに見出すことができるように「人」として社会の中で支えたり，支え合ったりして成長していくのです。

　だからこそ，子どもは大人が大切に世話をしなければならない存在だということが分かります。人間は発達するものであり，そのため教育が助成的介入として必要なのです。ポルトマンは，生理的早産であるから

[20]　ジャン・ピアジェ『知能の心理学』みすず書房，1998年。

[21]　アドルフ・ポルトマン『人間はどこまで動物か』岩波書店，1961年。

こそ，生まれた環境に適応していくことができる（可塑性）ともポルト
マンは指摘しました。子どもという存在が大人とは異なった状況にある
こと，また，可塑性があるからこそ教育の存在意義を見出すことができ
るのです。

　未熟なままに生まれてきた子どもを大人が育てるという行為は教育が
生まれる以前から存在していました。だからこそ我々人類は生きながら
えることができました。我が子だけでなく，集落の子どもたちを全体で
見守るということもあったでしょう。けれども社会が発展してくるにつ
れ，生活における見守りだけで子どもを育て上げることは不十分となっ
てきました。そこで教育が登場するのです。

5　教育思想を理解することの意義

　本章で示した考えはすべて関連していきます。本章で提示した西洋に
おける教育についての考えから，子どもについての考え，学校について
の考え，子どもの発達についての考えはつながっているのです。人が発
達するからこそ，教育は可能となるとも考えることができます。そして，
発達に則した適切な働きかけも体系的に考えられるようになりました。

　教育が必要だと考えるためには，教育される人が見出されなければな
りません。さらには，教育するための場所や教育内容が考えられなけれ
ばなりません。また適切な教育をするためには，発達の理解がなされな
ければならないのです。また，それぞれの思想は，それぞれに影響を及
ぼしています。先人の考えを踏まえたうえで，次の教育思想が生まれる
のです。

　教育思想については本章や次章のように「教育思想」と名の付く場所
にのみ扱われるものではありません。あらゆる教育の諸問題の背景に，
必ず教育思想，教育思想家たちの考えが確認できます。現在の学校でな
されている教育は，すべてこれまでの教育思想の歴史の上に成立してお
り，それらの変遷をふまえた教育的意味が含まれています。このように，
先人たちが，教育や，教育の周辺について考えたことは，教育思想とし
て残されており，現代の教育はこれらの思想の影響を受けたうえで，行
われていることに気付くことが重要です。教育思想の理解は，保育や教
育の置かれる現状を理解し，批判の精神を持って未来の教育を見据えて
いくための手立てでもあります。

第Ⅱ部　教育の思想と歴史

◆◆保育・教育現場に生かすために◆◆

　私たちの捉える教育や子ども，学校や発達はいずれも，かつての思想
家たちが捉えたそれらの延長線上にあります。現代の考え方とは異なり，
古めかしい印象を受けたり，今日の感覚には合わないと感じることもあ
るでしょう。しかし，それらがどのように現代とは異なった捉え方で
あったのかを考えることで，現代の教育へのイメージがより浮き彫りに
なります。また，そのことから未来の教育や学校，子どもや子どもの発
達へのとらえ方がどのように発展するかを推測することも興味深いので
はないでしょうか。ぜひ挑戦してみてください。

【Work 5】

　本章を読んで，以下の問いに答えましょう。

1　本章で扱った西洋の教育思想家の中で、誰の考えにあなたは共感しますか。一人選び、そ
　の理由について述べましょう。

　西洋の教育思想家：

　理由：

2　あなたが出会ってきたこれまでの保育者や教師の様子から、保育・教育では何が大切か考
　えてみましょう。

66

第6章
日本の教育思想

　本章では，日本における教育の思想をとらえることを目的とします。おもに，日本の教育思想家や教育運動について扱います。まず，近代以前に日本では教育がどのように考えられていたのでしょうか。つづいて，近代化した明治時代では，どのように教育は日本で捉えられたのでしょうか。そして，大正期以降には新たな教育の考え方が生まれます。それはどのようなものだったのでしょうか。これらを幼児教育に注目してたどっていきます。これまでの章のテーマとの関連も意識して考えていきましょう。

＊＊学びのポイント＊＊
①近代以前の日本では教育はどのようにとらえられていたのかを理解する。
②近代化とともに教育はどのようにとらえられるようになったのかを理解する。
③近代化以降の新たな教育の考え方とは何かを理解する。

1　近代以前の日本における教育のとらえ方

　教育という言葉は比較的新しい言葉とされています。近代以前に日本において「教育」という言葉を一般に使うことはありませんでした。その代わりに，「しつける」，や「こやらい」といった言葉によってその営みは表されていました。「教育」という言葉がなかったからといって，当時の日本に教育という営みがなかったわけではありませんでした。子どもを慈しみ育てることへの願いは和歌のなかにも見出すことができます。

　ここで，子どもに対する大人の考え方，子ども観を見てみましょう。『万葉集』には，子どもを思う歌として，山上憶良（660（斉明天皇6年）頃-733（天平5）頃）による，「銀も　金も玉も　何せむに　勝れる宝　子に及かめやも」があります。何物にも代えがたい子どもという人類の宝を慈しむ気持ち（子宝思想）を確認することができるでしょう。また，後白河法皇によって編まれた『梁塵秘抄』（1180年前後）にも子どもの姿を謡う作品があります。「遊びをせんとや生まれけむ　戯れせんとや生まれけむ　遊ぶ子供の声聞けば　我が身さへこそゆるがれ」とは，遊ぶ子どもの声を聴くと，大人である自分もまた体が揺れているという気持ちがあらわれています。良寛によって詠まれた「この里に　手まりつきつつ　子供らと　遊ぶ春日は　暮れずともよし」にも，子どもとの関わりを楽しむ姿が見られます。

　戦国時代にポルトガルから日本にやってきた宣教師，ルイス・フロイ

(1)　多田一臣『万葉集全解2 巻第四・五・六』筑摩書房，2009年，p. 205。

(2)　植木朝子編訳『梁塵秘抄』筑摩書房，2014年，pp. 174-175。

(3)　谷川敏朗『校注 良寛全歌集』春秋社，2014年，p. 194。

第Ⅱ部　教育の思想と歴史

ス（Luis Frois 1532-1597）は日本が子どもを大切にする国であることに驚きました。西洋においては鞭を使い子どもをしつけることをするけれども，日本においては子どもを暴力によってしつけることがないことに驚いています。確かに日本には，「七歳までは神のうち」ということわざにも見られるように，死亡率も現代とは異なって相当に高かった時代，日本において親だけでなくまわりの大人が子どもたちを大切に育てようとしていました。明治時代になってアメリカからやってきたエドワード・シルヴェスター・モース（Edward Sylvester Morse）[4]もまた，『日本その日その日』（2013年）のなかで，日本人の子どもに対する接し方について，大人が赤ん坊に対して「癇癪を起しているのを一度も見たことがない」[5]として，世界中を見ても，日本ほど子どものために尽くす国はないと記しています。

　およそ6歳になると一般的に，市民の子どもたちへの教育が始まりました。具体的には，読み書き，そろばんを学ぶために寺子屋に通い，それぞれが持ち込んだ文机に座って，師匠による手ほどきを受けました。江戸時代の識字率は，世界的に見ても，このように市民の子どもたちが広く学んでいたことからも非常に高かったと考えられています。

　それでは子どもたちへの教育の営みを日本の思想家はどのように考えたのか見ていきましょう。

1　中江藤樹

　中江藤樹（1608（慶長13）-1648（慶安元））は日本の儒者であり，日本の陽明学の祖とされています。彼は，病める者，貧しき者，男，女，年老いた者，幼き者を平等に扱う思想を持ちました。これは決して，当時，当たり前のことではありませんでした。また，幼少期からの教育の必要性を訴え，子ども世界の独自性を踏まえた教育を主張しました。中江藤樹の著書には『鑑草』（1647（正保4）年）[6]というものがあります。これは，女子教育のための教科書として使用されました。

2　貝原益軒

　江戸時代の朱子学者であった貝原益軒（1630（寛永7）-1714（正徳4））は，自己を抑制し，他者への思いやりをもった人間であることを人間の理想としました。そのような人間になるには，幼いころより善，つまり良きことを行うことが大切であるとしました。

　著書『和俗童子訓』（1710（宝永7）年）[7]は日本で初めての体系的な教育思想の提示でした。このなかで，子どもに対する教育は早くするべき

（4）　エドワード・シルヴェスター・モース（Edward Sylvester Morse 1838-1925）アメリカの動物学者であり東京帝国学にて教育に携わる。大森貝塚の発掘・調査にも尽力する。

（5）　エドワード・シルヴェスター・モース，石川欣一訳『日本その日その日』講談社，2013年，p. 17。

（6）　中江藤樹『鑑草』岩波書店，1939年。

（7）　貝原益軒『養生訓・和俗童子訓』岩波書店，1961年。

であるとくりかえし述べています。特に子どもの害となるのは、「姑息の愛」であるとしました。これは、一時しのぎ、その場のがれのかわいがりのことです。今この瞬間のことだけを考えて、子どもを甘やかすようなことは、かえって弊害であるということは、現代にも活きる教えと言えるでしょう。

また、6歳以前の子どもは、自分で食事を口にすることができて、喜怒哀楽が理解できるようになったら、教育を始める時期であるとしました。この考えも、幼児教育の始まりの時期としても、現代にも十分に当てはまるのではないでしょうか。

貝原益軒は、女子教育についても体系的に提示しています。女性と男性を分けて考えるという側面では、男女平等とは言い難いものですが、幼児期の教育については男女の分け隔てなく育てることが大切だと指摘しています。のちの女子のための教育に大きな影響を与えることとなりました。

2　日本の近代における教育のとらえ方

明治になり、西洋化するなかで、ようやく「教育」の言葉は普及していきます。箕作麟祥（1846（弘化3）-1897（明治30））が、educationを、「教育」と訳しました。この時代に、西洋に倣った学校教育が登場します。これまでに教育という言葉が日本において使われることはほぼありませんでした。近代化する日本において、教育についてどのような思想が生まれていったのでしょうか。

1　福沢諭吉

福沢諭吉（1835（天保5）-1901（明治34））は私塾、慶應義塾をつくった人物です。私塾は幕府や藩ではなく、自由に開設された、新しい時代の状況に対応した学問を提供する場でした。彼はどのような理念や考えを持っていたのでしょう。著書『学問のすすめ』（1872（明治5）年）における、「天は人の上に人を造らず、人の下に人を造らず」の言葉は、現在も大変有名です。しかしながら、福沢諭吉の教育に関する大切な考えは、その後にこそあります。

　　されども今広くこの人間世界を見渡すに、かしこき人あり、おろかなる人あり、貧しきもあり、富めるもあり、貴人もあり、下人もありて、その有様雲と泥との相違あるに似たるは何ぞや。その次第甚だ明

(8) Education
語源は、ラテン語のeduco からの翻訳である。educo と言う言葉は、educere（産み出す）と、educare（育てる）という言葉に分化する。教育には、「引き出す」「育む」、もしくは「養う」といった原始人間が行ってきた営みが込められている。

(9) 福沢諭吉
福沢は最初大阪にて緒方洪庵による私塾、適塾で学んだ。蘭学（オランダ語）を学んだ。しかしながら、これからの時代は英語だということを知り、一から再び外国語を勉強した不屈の学ぶ人である。

(10) 福沢諭吉『学問のすすめ』岩波書店、2000年。

第Ⅱ部　教育の思想と歴史

(11) 同前掲，p. 11。

らかなり。実語教に，人学ばざれば智なし，智なき者は愚人なりとあり。されば，賢人と愚人との別は，学ぶと学ばざるとに由って出来るものなり。[11]

　つまり，本来平等であるはずの人間に違いが生じるのは，学ぶ者と学ばない者の違いであるとするのであると，福沢は主張しているのです。
　このように福沢は，人が学ぶことによって違うということは，教育の大切さを強調し，また，身を立て，世の中に出るためには実学が大切だとしました。そのような教育の機会を人々に提供することに奔走した人なのです。

2　伊沢修二

　福沢の願う，人が学問をする，つまり，教育を受ける機会をつくった近代の学校教育が日本で生まれた時代，伊沢修二（1851（嘉永4）-1917（大正6））は，西洋のフレーベルやペスタロッチといった思想家について学び，日本初の教育学の教科書『教育学』（1882（明治15）年）を記しました。また，日本の音楽教育の基本的方針を示すことにも奔走しています。
　そのほか，伊沢が編纂した『小学唱歌集』（1879（明治12）年）は日本で最初の唱歌教材でした。西洋音楽の旋律に従い，五線譜による表記の『小学唱歌集』は日本において初めての音楽の教科書となりました。そこに掲載されている，『ちょうちょ』『富士の山』『蛍』といった歌は，現代の子どもたちも幼児教育や小学校の現場で学んでいます。

3　松野クララ

(12) 松野クララ
林学教育者である松野 礀と結婚したため，松野姓を名乗った。

(13) 保母
保母の用語の登場ののち，男性を表す「保父」の用語も登場した。しかし，1999年に児童福祉法が改正となり，国家資格である「保育士」という名称に代わる。

(14) 第5章2 4 も参照。

　日本の近代幼児教育は，明治期に欧米の幼児教育論と実践方法の導入によりスタートします。松野クララ（1853-1941）は，日本で初めての幼稚園保母のひとりであり首席保母として，我が国にフレーベル式の幼稚園の理論と実践を伝えたドイツ人女性です。
　保母[13]とは当時の幼児教育に携わる保育者を指す言葉でした。松野クララは，フレーベル[14]の養成学校にて実際に幼児教育を学び，その後に日本にやってきました。松野は，日本で初めて幼稚園が設立された東京女子師範学校（現在のお茶の水女子大学）において，ドイツの幼稚園の教育方法を導入する主席保母だったのです。近代化と並行するなか，新しい教育の在り方として，日本にも幼稚園が誕生します。ただ当時，幼稚園はまだ限られた都市部にのみ集中し，園児の多くが裕福な家庭の子どもに

第6章　日本の教育思想

限られていました。現在のように無償化に至るまでには長い道のりがあったのです。

4　倉橋惣三
（くらはしそうぞう）

　明治期は，単純に欧米の幼児教育を模倣するだけでなく，1876（明治9）年に設立されたわが国最初の幼稚園である東京女子師範学校附属幼稚園の教員を中心に，日本独自の幼児教育の在り方を模索し，教育者や実践家が積極的に活動を始めた時期でもありました。

　日本のフレーベルと呼ばれる倉橋惣三（1882（明治15）-1955（昭和30））は，日本の幼児教育の思想家のなかで重要人物の一人です。先ほど示した通り，明治時代になると，西洋の教育思想が入り，フレーベル思想もまた，日本でも導入され，「恩物」を使った保育が行われはじめていました。

　しかしながら，当時の日本ではフレーベル教育由来の「恩物」は，決められたルールの範囲でのみ利用されるものでした。子どもたちがもっと自由に伸び伸びと楽しめるものではなく，フレーベルの目指した遊びを通して子どもの想像力を伸ばすこととはかけ離れていたのです。

　そこで倉橋は，充実した子どもの生活を目指す「誘導保育」を発表しました。子どもが持つ「自らの内に育つ力」を大切にし，子どもが自発的に自由に遊ぶ中で「自己充実」を目指すことを重んじたのです。周囲の大人が教え導くのは，その自己実現のために刺激を与え，環境を構築することであるとしました。倉橋は，子どもの生活を中心に置こうとします。子どもの生活を中心に置き，そのうえで，保育者の保育目的へと導いていくのです。

　倉橋の打ち立てた誘導保育では，保育者による下記の理解が必要となります。まず，①幼児さながらの生活：子どもが自らを発揮できるような生活を準備すること，②自由と設備：環境を通した配慮を行うこと，③自己充実：子どもが自ら達成感，充実感を得られるようにすること，④誘導：子どもが一人でできないことも保育者からの働きかけによって達成できるようにすること，⑤教導：子どもへの意識的な指導を行うこと，の大切さが打ち立てられました。

　「自ら育つものを育たせようとする心，それが育ての心である」[15]と彼は著書『育ての心』（1936（昭和11）年），のなかで主張します。また，子どもたちの一瞬一瞬へのまなざしに気が付くことの大切さについても，倉橋は，下記のように示しています。

[15]　倉橋惣三『育ての心（上）』フレーベル館，2008年，p.8。

71

第Ⅱ部　教育の思想と歴史

子どもが飛びついて来た。あっという間にもう何処かへ駆けて行ってしまった。その子の親しみを気のついた時には，もう向こうを向いている。私は果たしてあの飛びついて来た瞬間の心を，その時ぴったりと受けてやったであろうか。それに相当する親しみで応じてやったろうか。

後でやっと気がついてのこのこ出かけて行って，先刻はといったところで，活きた時機は逸し去っている。埋めあわせのつもりで，親しさを押しつけてゆくと，しつこいといった顔をして逃げていったりする。其の時にあらずんば，うるさいに違いない。時は，さっきのあの時である。

(16) 同前，p. 38。

いつ飛びついて来るか分からない子どもたちである[16]

日々の子どもとの時間のなかで，見落としがちな一瞬一瞬の子どもたちとの関われたであろう瞬間，日々のあれこれによって見逃しているであろう私たち大人への警笛とも言えます。現代においても状況は同じであり，今なお，響く言葉ではないでしょうか。

5　城戸幡太郎（き ど まん た ろう）

　城戸幡太郎（1893（明治26）-1985（昭和60））は，教育の目的を，幼児の生活を理解し，適切な援助をすることとしました。集団保育の研究を科学的に進めることも主張しました。現代の保育問題につながる課題を，科学的・実践的に検討した先駆者です。倉橋惣三が子どもの自発，発展に目を向けたのに対し，城戸は，子どもと社会の関係に着目し，社会が子どもを育て，やがて子どもは社会を担う者となることを主張しました。
　城戸の主張したことはほかにもあります。著書『幼児教育論』（1939（昭和14）年）のなかで，以下のように示しています。

(17) 城戸幡太郎『幼児教育論──城戸幡太郎著作集第5巻』学術出版会，2008年，p. 75。

　幼稚園や託児所（当時の保育所）も（中略）学校であるが，それが子供の生活環境を改造して行くための教育的計画であるからには，何よりも先づ子供の自然である利己的生活を共同的生活へ指導していく任務を負わねばならぬ。従って幼稚園，託児所の保育案は「社会協力」といふことを指導原理として作製さるべきもので，幼稚園と託児所との教育はこの原理によって統一されなければならぬものである[17]

城戸はこのように幼稚園と当時の保育所を語ります。戦後，幼稚園と保育所の一元化については，現在もなお制度的に統一が試みられていますが，それ以前に，すべての子どもたちへの教育の統一を唱えた人物はここに存在したのです。

3　近代以降の教育の新たな考え方

近代化が進む中，日本において広く子どもたちの教育の機会が整いつつありました。そのなかで，画一的な教育に疑問を抱く人々がいました。その人々によって，教育の思想がさらに展開を見せます。そこでは，子どもの個性を尊重した教育や自由な表現方法が主張され始めます。日本独自の子どもたちのための児童文化についても考え始められました。

1　日本における新教育運動

第5章でも扱ったとおり，欧米においてデューイらによって新教育運動が起こりました[18]。日本においても，大正期には，大きく新教育運動が起こりました。日本の新教育運動という意味で，大正自由教育とも言われます。当時は大正デモクラシーの時代でもありました。民主主義社会の実現に向けた政治や社会，文化への新しい考えの模索の時代に，教育もまた新しい思想が生まれました。

成城小学校で沢柳政太郎（1865（慶応元）-1927（昭和2））は，自習を尊重し，子どもが自分で時間割や単元を決めて取り組みました。その後，小原國芳（188（明治20）-1977（昭和52））は玉川学園を創設し，全人教育を唱えます。これは学問，道徳，芸術，宗教，健康，生活の六方面の人間文化を，豊かに形成することを大切にした教育です。ここでも自学自立が重要とされました。そのほか，和光学園や，明星学園もこのような教育運動の流れのなかで生まれます。

羽仁もと子（1873（明治6）-1957（昭和32））と，夫の羽仁吉一は，自由学園を創設し，子ども自身の生の経営，つまり生活を学びの中心に置いた教育を目指しました。そこでは子どもたちは自分の頭と心を使い授業や生活を通して事物を学び，自らの言葉で考えて話すことが求められました。家事も協力して行い，自らを表す服装を簡素に美しく整えることも教育の一環とされました。つまり，実際に「生活」を自分たちでつくりだしていくことが目標だったのです。

大正期に，このような主張から，特色ある私立学校が多く設立され，子どもの自学や自治を掲げて，子どもの自由の尊重と個性の重視が目指

[18]　第5章3　1　も参照。

第Ⅱ部　教育の思想と歴史

されました。これらの私立学校では，現代においてもその教育理念を基本とした教育が行われています。また，私立学校のみならず，広く一般的に，現在では，幼児教育や学校教育においても展開されています。全員が同じことを行うのではなく，子ども一人ひとりが活動を選択できる自由保育や，総合的な学習の時間による科目を横断する生活に根ざした学習はこのような思想の延長線上にあるのです。

2　芸術教育

　新教育運動と同じころ，芸術教育にも新たな考えが生まれます。芸術教育において，子どもの自由な表現を重んじるようになりました。当時，図画教育は手本の模写が主流でした。山本 鼎（1882（明治15）-1946（昭和21））はこれに異議を唱え，絵を描く技術，方法が重要ではなく，自分の目で見て，感じたとったものを描くことが，子どもの発達にどれほど大切かを説いたのです。また，フランスに留学経験のある山本は日本でのクレヨンの普及にも努めました。現在では当たり前の色彩豊かな道具を使った子どもたちののびのびとした表現活動は当たり前に発生したものではなく，山本らによる農民美術運動や芸術教育運動のもと生まれました。山本はさらに，前述の羽仁もと子，吉一夫婦による自由学園における美術教育にも協力しています。日本における芸術教育運動を牽引した人物と言えるでしょう。

　また，芦田恵之助（1873（明治6）-1951（昭和26））は，子どもたちが文章にするべき事柄は形式的な説明文ではなく，自由に子どもたちが感じたことを作文にすることだと，綴り方教育の重要性を主張しました。模範とされる文章をなぞるだけの表現ではなく，自分たちの生活に根ざした言葉を紡ぐことは，全国に広がります。このようなことが奨励されて初めて，子どもたちは自分の暮らしのなかで見たり，感じたりしたことを表現することができるようになりました。例えば，農家の子どもならば，身近に働く親のこと，動物のことなど，また思ったこともそのままに書くことができるのです。それ以前にそのような生活の表現は排除されていたのです。方言による言葉もそのまま綴ることはこれまで禁じられていましたが，綴り方教育の考えでは禁じることはありませんでした。このような新しい考えは，雑誌『赤い鳥』にもつながっていきます。

　雑誌『赤い鳥』は，1918（大正7）年に創刊されます。一流の作家による，子どものための児童文学や詩が日本で発展します。逆に言うと，それまでにそのようなメディアは子ども向けには存在していませんでした。日本において，子どもたちが質の良い子ども向けの物語や挿絵に触

---

⑲　農民美術運動
日本全国に見られる木彫りの小さな置物や日用品等の手工芸品の製作を農民に勧めた。子どもだけでなく大人も含めた多くの人が生活の中で美しさに触れ，美しさを表現することを目指した。

⑳　芸術教育運動
模写ではなく，子どもの自発的かつ，個性的な表現を尊重する芸術教育のこと。世界に目を向けると同時代にドイツで同様のことが主張された。同時多発的にこの時代に，模写ではなく子ども自らの表現を大切にする運動が生まれた。

㉑　雑誌『赤い鳥』
鈴木三重吉が創作した，童話と童謡の児童雑誌。これに追随するかたちで，『コドモノクニ』や『子供之友』『キンダーブック』など，様々な子ども向け雑誌が生まれる。現在も幼稚園や保育所において月刊誌や絵本講読が行われているが，このようなことを可能とするためには，上質な子ども向けの雑誌や絵本の登場を待たねばならなかった。

れられるようになったのはこの頃からなのです。

　『赤い鳥』には，芥川龍之介や小川未明の文学作品が掲載されました。また，北原白秋や西城八十，山田幸作といった詩人や作曲家による童謡も生まれました。雑誌に掲載された絵画も清水良雄や深沢省三といった一流の芸術家によって描かれました。加えて，先ほどの綴り方教育の運動と同じく，子どもたちののびのびとした表現や，自由画や生活のありのままの作文，綴り方を奨励しました。

　現代では当たり前となった自由に絵を描いたり，作文を書いたりするといった営みは，実は子どもたちに最初から与えられてはいませんでした。正しいとされる絵画や文章を真似ることから学ぶ教育が行われていたのです。また，子どもたちのための月刊誌や絵本といったメディアは現代においては様々な選択肢がありますが，このようなものもまた，近代以降，最初から子どもたちに用意されたものではなかったのです。現代の子どもたちは，当時と比べると，数だけでいえば，文化的な豊かさのなかにいるのかもしれません。しかし，現代において選択肢が増えたからこそ，本当に子どものことを考えた月刊誌や絵本を選び取るのも保育者として大切な役割となりました。

4　教育思想を理解することの意義

　以上のように，明治以前の日本における教育に対する考えにふれてきました。「教育」という言葉は一般には使われてはいませんでしたが，確かに教育の活動や，子どもを大切にする考えは日本にも確認することができました。

　そして，近代の幕開け，明治時代には，西洋にならった教育が始まります。西洋を真似するだけではなく，併せて，日本独自の教育の模索も始まりました。確かに近代化とは，西洋化でもあります。けれども，西洋の教育思想や実践に倣うだけではなく，日本の子どもたちに向けた，独自の教育思想や方法を，日本の教育思想家たちは模索したのです。

　大正時代には，新しい教育運動の考えや実践が見られ，子どもたちの自由な表現が重んじられる芸術教育運動もこの頃に起こりました。皆さんの小さいころを含め，現代の子どもたちは，自由に絵を描くこと，文章を綴ること，上質な児童文学に触れることができますが，それは当たり前にあったものではなかったのです。子どものことを，教育を考え模索した思想家たち，そして実際に子どもたちへの教育を行った実践家たちのおかげで，現在，可能となったのです。

第Ⅱ部　教育の思想と歴史

　第5章から続けて，ここまで教育思想について扱いました。多くの方が今後保育や教育の現場で実践者となられるでしょう。実践においても教育思想が示すそれぞれの考え（理論）は大切になってきます。理論をいくら生み出しても，それを実践してみなければ，それは単に机上の空論，理想でしかないのです。それは無力でしかありません。一方で，実践の背景に理論を基軸に置かず，ただやみくもに実践を行うのであれば，それは教育においても，子どもに対しても時として暴力となる危険性をひめているのです。このように，思想と実践は思想家にとっても実践者にとってもともに重要なものであり，両方を注意深く意識しなければ，両方は何の意味もなさないのです。

◆◆保育・教育現場に生かすために◆◆

　本章で述べたように，日本において，以前大人が子どもを育てる営みがあったことは間違いありません。ただし，それを「教育」という言葉では表現してはいなかったことが分かりました。また，近代化した後，西洋に倣った教育が行われるものの，そこには日本独自の工夫があったことも確認できました。早くも大正時代には，新しい教育の考えや実践が見られました。皆さんが小さいころを含めて現代の子どもたちが当たり前に経験する教育が，これらの過去の教育思想や教育実践の線上にあることを改めて実感してください。

【Work 6】

　本章を読んで，以下の問いに答えましょう。

1　本章で扱った日本の教育思想の考えのなかで，どのような考えにあなたは共感しますか。
　人物もしくは教育運動から一つ選び，その理由について書きましょう。
　日本の教育思想の人物もしくは，教育運動：

　理由：

2　あなたが出会ってきたこれまでの保育者や教師の様子から，保育・教育では何が大切か考えてみましょう。

第7章

近代公教育制度の成立と展開

本章では，日本における近代公教育の成立と展開を，主に制度的な側面からとらえます。明治維新によって近代国家がスタートした日本では，すでに欧米で形成されてきた近代教育をモデルにしながら，すべての国民を対象とした近代的な公教育制度が整備され，国内外の社会の動向に対応すべく初等教育から高等教育までの教育制度が拡充されていきます。人々の生活世界に学校がどのように普及し，現在のようにすべての子どもが学校に通う社会がどのように成立したのかを学びます。

＊＊学びのポイント＊＊
①日本における公教育のはじまりについて知る。
②戦前の日本において，教育制度がどのように整備・拡充されたのかを理解する。
③学校教育が広く社会に普及したことの意味を考える。

1　幕末期の教育機関

江戸時代，日本は幕藩体制のもと武士と農民，町人を分ける身分制度がしかれ，それぞれの身分に分かれた教育機関が発達していました。

武士の子弟は，藩によって設立された藩校で学びました。藩校では，藩政の担い手として必要な漢学や武術の教育が行われました。

一方で庶民の子どもたちに対しては，寺子屋が人々の手によって開かれ，商品経済の発展を背景として生活に必要な読み書き算の教育が行われていました。

これら藩校と寺子屋の他に，郷学という教育機関も存在していました。郷学は藩の保護下にありましたが，庶民の子どもたちにも開放され藩校に準ずる教育が行われていました。

また，幕末期には人々の教育への意欲が高まり，中江藤樹（1608-1648）の「藤樹書院」，伊藤仁斎（1627-1705）の「古義堂」などが開設されました。こうした私塾は幕府によらず自由に開かれたものであり，身分的な制限も少なく，その多くは武士の子も庶民の子も共に学ぶ教育機関でした。その内実は漢学塾・習字塾・そろばん塾・国学塾など多様なものであり，これらは明治期以降の小学校や私立学校の源流となりました。

以上のような全国のおける教育機関の広まりは，明治期の学校教育制度の基礎となっていきます。

第Ⅱ部　教育の思想と歴史

2　近代公教育制度の成立

1　「学制」の公布

　明治維新における新政府にとって，近代公教育制度の整備は大きな課題でした。1871（明治4）年には文部省が創設され，中央教育行政機関としての役割を担うことになります。そして1872（明治5）年には「学制」が公布され，日本の近代公教育制度がスタートします。その理念は学制に先立って示された「学事奨励に関する被仰出書」で述べられていますが，主な方針として以下の三つが示されました。

> ①国民皆学：すべての子どもに教育を受ける必要がある
> ②個人主義：学問の目的は個人の立身にある
> ③実学主義：読み書き算をはじめ，法律や政治など，実際に生活に必要な学問を学ぶことが大事である

　こうして近代国家体制の要件として国が主導して近代学校を全国に設立する施策を打ち出しましたが，当時の人々にとって教育の意義はまだ理解されず，初等教育でさえも広く普及をみることは簡単ではなく，当初の就学率は30％台でした。

2　「学制」期の学校教育

　学制のもとに政府は全国の教育行政を文部省が管轄することを示し，全国を8の大学区，256の中学区，5万3,760の小学区に分け，それぞれの区に大学，中学，小学を1校設置する計画が定められました。特に政府が重点的に取り組んだのが小学校の設置でした。この時期の小学校は尋常小学と称され，それぞれ4年制の下等小学と上等小学から構成されていました。1875（明治8）年の時点で，尋常小学は約2万4,000校以上が設置されていました。

　なお，幼稚園については，「学制」では小学校の一種として，「幼稚小学」が規定されるものの，実現することはなく，日本最初の幼稚園は，1875（明治8）年に京都府の小学校に開設された「幼稚遊嬉場」とされています。しかしそれはわずか数年で廃止され，本格な幼稚園は1876（明治9）年に設立された東京女子師範学校附属幼稚園がはじまりとされています。

---

(1)　明治維新
1868（明治元）年，江戸幕府に代わって新政府が成立し，中央集権国家を目指した改革が行われた。

第7章　近代公教育制度の成立と展開

3　教育令の公布と改正

　1879（明治12）年，政府はそれまでの「学制」を廃止し，新たに「教育令」を公布しました。これにより，学区制は廃止され，町村を中心に学校が設置されることとなり，就学期間や教則についても緩和されました。背景には，「学制」が中央集権的で画一的なものであり，民衆の生活現実からかけ離れているとの批判がありました。この教育令は地方分権的で地域住民の主体性を認めるという点で学制とは大きく性格が異なり，「自由教育令」とも言われるものでした。

　しかしこの教育令は就学率低下を招き，学校教育は停滞することとなります。そこで1880（明治13）年には「改正教育令」が公布され，教育内容に対する統制が強化されるなど，再び教育の中央集権化が推し進められることになりました。

　一方この時期，政府が推し進める教育の基本方針にも変化が見られます。1879（明治12）年に「教学聖旨」が示され，明治維新以来の啓蒙主義的な西欧化路線から儒教主義的な教育への転換が図られました。学校教育では徳育を重視し，仁義忠孝の教育が大切であるとされ小学校の筆頭科目として修身科が置かれました。

3　教育制度の拡充と展開

1　「学校令」と就学率の上昇

　1885（明治18）年に森有礼[注]が初代文部大臣に就任しました。森は就任翌年の1886（明治19）年に教育令を廃止し，「帝国大学令」「師範学校令」「中学校令」「小学校令」等からなる「学校令」を制定します。「小学校令」では，初等教育の就学についてはじめて「義務」と規定しました。小学校は尋常小学校と高等小学校の2段階で4年ずつとし，その他に尋常小学校に準じる3年制の小学簡易科も設置され，尋常小学校4年あるいは小学簡易科3年が義務となりました。

　その後，1890（明治23）年の第二次小学校令では小学簡易科が廃止されて，尋常小学校は3年あるいは4年となりました。また，「小学校ハ児童身体ノ発達ニ留意シテ道徳教育及国民教育ノ基礎並其生活ニ必須ナル普通ノ知識技能ヲ授クルヲ以テ本旨トス」と小学校の目的が初めて規定されました。さらに1900（明治33）年の第三次小学校令では，尋常小学校を4年に統一し，無償制を原則とする4年の義務教育制度に移行します。これにより戦前における初等教育制度の基礎が確立されたと言えます。また，こうした法整備に伴い明治30年代に就学率は上昇し，1902

(2)　森有礼（1847-1889）
1885年の内閣制度発足に伴い初代文部大臣に就任し，日本の教育制度の基礎を築いた。幕末に英米に留学し，帰国後は外交官を務める一方，福沢諭吉（1835-1901）らと明六社を設立した。国家主義教育を推進する立場に立ち，教育改革を行った。

第Ⅱ部　教育の思想と歴史

（明治35）年には初めて90％を上回るようになり，国民皆学が実現され
ていきました。

　その後，1907（明治40）年の小学校令改正により尋常小学校は6年と
なり，義務教育の年限は6年となりました。これにより初等教育の6年
の課程の上に中等教育，さらに高等教育の諸学校が位置づけられ，日本
の学校体系の基本が構成されることとなりました（図7-1）。また，明
治末期には就学率は98％台に達しました。その要因には女子の就学率の
急激な上昇がありました。この時期の女子の就学率を見てみると，1890
（明治23）年の約31％（男子の就学率は約65％）から1895年には約44％，
1890年には約72％，1895年には約93％，1900年には約97％と上昇し，男
子の就学率に急速に近づいています。

　幼稚園については，1899（明治32）年に「幼稚園保育及設備規定」が
制定されました。それまで，幼稚園については小学校令の中に含まれる
形で規定されていましたが，「幼稚園保育及設備規定」は幼稚園に関し
て小学校令とは独立した総合的な規定であり，これが制定されたことに
より幼稚園が制度として確立しました。

　一方，保育所については，国が主導し官立（国立）の幼稚園設立が先
行した幼稚園とは違い，民間の取り組みによって始まりました。また，
創成期の幼稚園は富裕層の子どもが通うところとしてとらえられ，子ど
もを幼稚園に通わせることに積極的な新中間層に受容され普及しました
が，保育所は都市下層社会が形成される中で貧しい生活環境のなかで育
つ子どもたちを受け入れる施設として，各地で設置されました。日本で
最初の保育所的保育施設とされるのが，新潟市の教育事業家赤沢鍾美に
よって設けられた保育施設です。赤沢は自らが開いた私塾「新潟静修学
校」に「守孤扶独幼稚児保護会」を併設し，幼児保育に取り組みました。

　また，東京では1900（明治33）年に野口幽香，森島峰の二人のクリス
チャンによって二葉幼稚園が設立されました。これらの明治期の保育施
設は民間の事業が中心であり，公立の施設は大阪市に公立託児所が設立
される1919（大正8）年まで設立されませんでした。

2　教育勅語体制

　1889（明治22）年に大日本帝国憲法が公布されますが，この憲法には
教育について直接規定する条文はありませんでした。そこで国家体制の
安定的な発展を目指す政府のもと，教育に関する基本理念を示すため，
1890（明治23）年に「教育に関する勅語」（教育勅語）が公布されます。
教育勅語体制のもと学校では，学校行事等における教育勅語の奉読など，

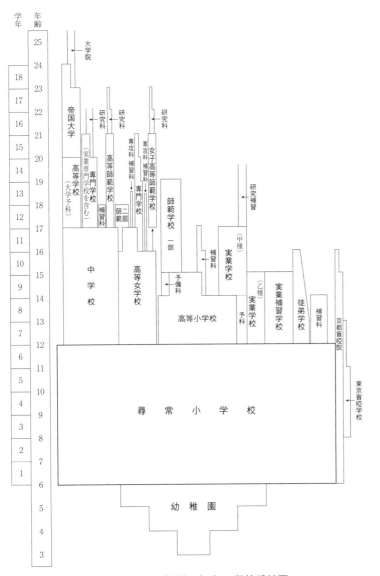

図7-1　1908（明治41）年の学校系統図
出所：『学制百年史』（https://www.mext.go.jp/content/20220902-mex_soseisk01_000024797_24.pdf　2023年4月12日閲覧）をもとに筆者作成。

国家主義的な内容が展開されました。教育勅語はその後，終戦に至るまで国民道徳及び国民教育の基本とされ，教育現場では国家の良き臣民となるための「臣民教育」が展開されることとなります。

3　教科書制度の変遷

　ここまで制度的な側面から学校の変遷を見てきましたが，次に，教科書について見てみましょう。今日の日本では，小・中・高等学校等の教科書について教科書検定制度が採用されていますが，戦前は国定の教科

第Ⅱ部　教育の思想と歴史

(3)　児童中心主義
20世紀初めの新教育運動を支えた教育思想。子ども一人ひとりの個性・能力・発達を中心にすえ，子どもの自発的活動を重視する。ルソーやフレーベルも20世紀になって児童中心主義の思想的源流として位置づけられた。

(4)　フリードリッヒ・フレーベル（1782-1852）
ドイツの教育思想家・実践家。幼児教育の祖と言われ，1837年に世界で最初の幼稚園とされる一般ドイツ幼稚園を解説した。子どもの自発的な活動を重視し，「恩物」を考案した。

(5)　エレン・ケイ（1849-1926）
スウェーデンの社会思想家・教育学者で，教育論や女性解放論を展開した。1900年に刊行された『児童の世紀』では子どもの権利と母性の尊重を説き，その後の児童中心思想や新教育運動の展開に大きな影響を与えた。

(6)　ジョン・デューイ（1859-1952）
アメリカの哲学者・教育思想家。1896年にシカゴ大学附属の「実験学校」を設置し，そこでの成果を『学校と社会』（1899年）に報告した。子どもを学びの主体ととらえ経験や実践を重視し，学びの場である学校に現実の生活を取り入れ学校教育を子どもの生活を中心に組織することを主張した。

書が用いられていました。

　「学制」期の初めごろの教科書は明治維新後出版された文明開化の啓蒙書・翻訳書の類が多かったのですが，これらは小学校の教科書用に編纂されたものではなかったため，文部省及び師範学校で翻訳や編集が進められることになります。

　その後，就学率が上昇し，小学校の教育課程の整備が進み全国の教育が急速に統一化されていったことを背景に，1881（明治14）年には教科書について府県が文部省に届け出る開申制度となりました。さらに1883（明治16）年には教科書について府県が事前に文部省の認可を得なければならない認可制度へと改められ，教科書に対する統制は強化されます。

　1886（明治19）年には小学校令施行にともない教科書については文部大臣による検定制となり，文部省の検定を経た教科書のなかから府県単位に採択されることとなりました。しかしその後，教科書の採択をめぐって不正事件が起きたことにより，1903（明治36）年に改正された小学校令からは国定教科書制度へと移行しました。はじめは修身・日本歴史・地理・国語読本・国語書き方手本・算術・図画の各教科書が国定とされ，1910（明治43）年には理科教科書も追加されました。これ以後，政府は教科書を通して子どもたちへの国家主義思想の浸透を図ることになります。

4　大正期の教育

■1■　大正期の新教育運動

　第一次世界大戦後，国際的な動向として児童中心主義[3]の思想とそれに基づく教育運動が進展します。フリードリッヒ・フレーベル[4]（1782-1852），エレン・ケイ[5]（1849-1926），ジョン・デューイ[6]（1859-1952）らの思想は日本にも伝わり，その影響を受けることになります。こうした欧米の近代的な教育思想が日本にも取り入れられるとともに，国内では大正デモクラシーを背景として，それまでの画一的な教育を否定し子どもの個性や発達に応じて自由で自発的な教育の取り組みが大正新教育運動（大正自由教育運動）として展開されていきます。新教育運動において展開された新しい学校の設立や授業方法の改革，芸術教育運動について詳しく見てみましょう。

①私立学校及び師範学校附属小学校における実践
　この時期に新設されたいくつかの私立小学校では，それぞれ先進的な

実践が行われていました。沢柳政太郎によって創設された成城小学校は，子どもの個性を尊重する教育を掲げ，自然に親しむ教育を提唱しました。また，羽仁もと子により創設された自由学園では，日々の生活を子どもたちが主体的に担う「自労自治」を理念とした教育が実践されました。野口援太郎（1868-1924）が創設した池袋児童の村小学校では，教科や時間割の枠にとらわれない自由を重んじた教育実践が行われました。

　また同じ時期に，師範学校附属小学校でも教育研究に基づく新教育の実践が見られました。代表的なものとして，千葉師範学校附属小学校での手塚岸衛（1880-1936）による「自由教育」の理論と実践，明石女子師範学校附属小学校における及川平治（1875-1939）の「分団式動的教授法」の実践，奈良女子高等師範学校附属小学校での木下竹次（1872-1946）の「学習法」の教育理論に基づく実践があります。

②芸術教育運動

　さらに大正期には，雑誌『赤い鳥』の創刊，自由画教育運動などの芸術教育運動が展開されます。鈴木三重吉（1882-1936）による雑誌『赤い鳥』は芸術性の高い童話や童謡を掲載し，児童文学や児童文化が開花する契機となりました。⁽⁷⁾また，画家の山本鼎^{かなえ}（1882-1946）は児童自由画運動を推し進め，手本の模倣を描くのではなく子ども自身が見て感じ取ったものを描くことを提唱しました。⁽⁸⁾

（7）第6章3 **2** 参照。

（8）第6章3 **2** 参照。

2　教育制度の拡充

　第一次世界大戦後，社会情勢の変化に対応した教育の方針を定めるために，1917（大正6）年に内閣に臨時教育会議が設けられました。この臨時教育会議の答申を受けて1918（大正7）年に「大学令」が公布され，帝国大学の拡充，官立単科大学の設置，専門学校の大学昇格が進められ，大学が増設されました。また同年「高等学校令」も改正され，国立だけではなく公立や私立の高等学校の設置が認められることになりました。こうした改革を背景に，中学校，高等女学校，実業学校，実業補習学校といった中等教育機関もこの時期に増設され，中等教育及び高等教育の拡充が急速に進展することになります。

　幼稚園については，単独令制定を求める動きがあり，1926（大正15）年に幼稚園令が制定されています。

第Ⅱ部　教育の思想と歴史

5　戦時下の教育

　昭和期に入り日本が戦争への道を進むなかで，教育も戦時体制に移行していきます。1941（昭和16）年には「国民学校令」が公布され，従来の小学校を国民学校と改称し，教育の目的については「国民学校ハ皇国ノ道二則リテ初等普通教育ヲ施シ国民ノ基礎的錬成ヲ為スヲ以テ目的トス」とし，国民の錬成が目指されました。国民学校での教育内容は，国民科（修身・国語・国史・地理），理数科（算数・理科），体錬科（武道・体操），芸能科（音楽・習字・図画・工作）の4教科に編成されましたが，各教科の内容は国家主義・軍国主義的なものでした。第二次世界大戦が激化するにしたがい，都市部の子どもたちを空襲を避けて農村部に疎開させる学童疎開が実施されました。さらに中等学校以上の生徒や学生に対しては，食糧増産や軍需工場での勤労作業に従事させる学徒動員の体制が進められました。こうして，教室で授業を受けるという学校における日常が失われていくことになります。

【Work 7-1】

戦前の教育制度に関する主な出来事について，下記の年表の空欄を埋めましょう。

年	主な出来事
1872（明治5）年	①_____公布
1879（明治12）年	②_____公布
1880（明治13）年	③_____改正
1886（明治19）年	④_____，_____，_____，_____公布
	教科書の⑤_____制の実施
1890（明治23）年	⑥_____公布
	第二次⑦_____公布
1900（明治33）年	第三次⑧_____公布
	無償制を原則とする⑨____年の義務教育制度の完全施行
1903（明治36）年	⑩_____教科書制度成立
1907（明治40）年	⑪_____改正
	義務教育の年限は⑫____年に延長される。
1918（大正7）年	⑬_____公布，大学の増設。
1926（大正15）年	⑭_____制定
1941（昭和16）年	⑮_____公布

第7章　近代公教育制度の成立と展開

参考文献

海老原治善他『日本近代教育史――岩波講座　現代教育学5』岩波書店，1962
　　年。

山住正己『日本教育小史』岩波書店，1987年。

勝田守一・中内敏夫『日本の学校』岩波書店，1964年。

平原春好・寺崎昌男編『教育小事典』学陽書房，1982年。

『学制百年史資料編』（https://www.mext.go.jp/b_menu/hakusho/html/
　　others/detail/1317930.htm　2023年4月12日閲覧）。

『学制百二十年史』（https://www.mext.go.jp/b_menu/hakusho/html/others/
　　detail/1318221.htm2023年4月12日閲覧）。

『学制百五十年史』（https://www.mext.go.jp/b_menu/hakusho/1420041_
　　00011.htm2023年4月12日閲覧）。

◆◆保育・教育現場に生かすために◆◆

　現代を生きる子どもたちと関わる保育者や教師にとって，歴史を学ぶ
意義はどこにあるのでしょうか。本章で明治維新期から戦前までの教育
政策の動向を見てわかるのは，教育の制度や政策はその時々の大きな時
代のうねりや社会の変容のなかで模索され続けてきたということです。
ものごとを歴史的な視点を持ってとらえることは，大きな文脈や背景の
なかで一つひとつの事象を理解するのに役立ちます。日本の教育の成り
立ちを学ぶことで，今の子どもの育ちを相対化する視点を得て，現代の
教育現場で起きる諸問題の根源をたどり，問題の本質を見抜く力を養っ
てほしいと思います。

【Work 7-2】

　本章を読んで，以下の問いに答えましょう。

1　図7-2は，明治初期における学齢児童の就学率です。

①この時期に就学率が低かった原因について，書き出し
　てみましょう。また，それらについて話し合ってみま
　しょう。

年次(年)	男(%)	女(%)	平均(%)
明治6	39.9	15.1	28.1
7	46.2	17.2	32.3
8	50.8	18.7	35.4
9	54.2	21.0	38.3
10	56.0	22.5	39.9
11	57.6	23.5	41.3
12	58.2	22.6	41.2

図7-2　学齢児童の就学率
（明治6～12年）

出所：『学制百年史』（https://www.mext.go.
jp/b_menu/hakusho/html/others/detail/
1317590.htm（2023年4月12日閲覧）を
もとに筆者作成。

第Ⅱ部　教育の思想と歴史

②男女で就学率に違いがあった社会背景について，書き出してみましょう。また，それらについて話し合ってみましょう。

2　日本の新教育運動における教育実践を一つ取り上げ，その取り組みの内容を調べてみましょう。

教育実践：

内容：

第8章
戦後における学校教育の展開

　本章では，第7章に続いて戦後の日本における学校教育の展開過程について学びます。終戦を機に，日本の教育の在り方は大きく変容します。日本国憲法で教育を受ける権利が明記され，教育はすべての国民の権利として位置づけられました。そのうえで，各学校階梯において制度的な拡充整備が進められます。さらに高度経済成長期には経済界の動向も教育に影響し，それと同時に人々の教育要求も増大します。戦後の教育は，社会や家族の動向と深く結びつきながら展開していきます。その過程を見ていきましょう。

　＊＊学びのポイント＊＊
　①戦後日本における学校教育の展開過程について知る。
　②進学率が上昇し，「教育家族」が広く普及した背景を理解する。
　③平成期以降の教育改革が今日の学校教育にどのように影響しているかを考える。

1　戦後の教育改革

1　戦時下の教育の否定から教育改革へ

　1945（昭和20）年8月15日，日本はポツダム宣言を受諾し終戦を迎えました。以後，日本は1952（昭和27）年まで連合国の占領下に置かれ，連合国軍最高司令官総司令部（GHQ）（以下，総司令部）が一連の教育改革を主導することになります。

　終戦直後の日本側の動向としては，まず1945（昭和20）年9月15日に文部省が「新日本建設ノ教育方針」を発表しました。これは連合国側の教育改革の方針が示される前の日本側の方針を示すものでしたが，ここでは今後の教育は「国体ノ護持」に努めるとともに平和国家の建設を目的とするとの基本方針が示されました。また，この方針にしたがい，従来の教科書から軍国主義的な内容を削除するようにとの指示が学校現場に出され，子どもたちは教師の指導のもと教科書に墨を塗りました（墨ぬり教科書）。

　一方，総司令部は1945（昭和20）年10月に「日本教育制度ニ対スル管理政策」を発表し，教育内容，教職員，及び教科目・教材の検討についての指示を出しました。また，日本における教育改革の基本方針を定めるために教育の専門家で構成された米国教育使節団が1946（昭和21）年3月に来日し，4月には「第一次米国教育使節団報告書」がまとめられました。報告書は，日本のそれまでの教育の問題点を指摘したうえで今後の民主的な教育の理念や教育方法，教育制度のあり方を示す内容と

第Ⅱ部　教育の思想と歴史

なっていました。また，教育内容の画一化を否定し教育における教師の自由を認めるべきであることが指摘されています。

　米国教育使節団来日にあたって，日本側では日本側教育家委員会が組織され，それをもとに1946（昭和21）年8月，内閣に教育刷新委員会（1949年に教育刷新審議会に改称）が設置されました。同委員会は1952年に廃止されるまで35の建議を行い，これに基づいて教育基本法や学校教育法など戦後の教育改革における基本的な法令が制定されることになります。また，六・三制の実施，社会科の設置，教育委員会の発足なども進められ，教育改革に大きな役割を果たしました。

　またこの時期，文部省は1946（昭和21）年5月に教師のための手引書『新教育指針』を刊行しています。同書は個性の完成と人間尊重という基本理念に基づいた新教育の理論と方法について述べています。米国教育使節団報告書とそれに次いで出された『新教育指針』は同じ理念に立ち，戦後の新しい教育のあり方の指針となりました。

2　日本国憲法と教育基本法の制定

　1946（昭和21）年，日本国憲法が制定されます。国民主権，基本的人権の尊重，平和主義を基本原則とする日本国憲法の制定は，民主的な教育改革の実現にとって大きな意義を持つものでした。それまで大日本帝国憲法では教育に関する条項はありませんでしたが，日本国憲法では第三章「国民の権利及び義務」において第26条に教育を受ける権利が規定されました。第26条では「すべて国民は，法律の定めるところにより，その能力に応じて，ひとしく教育を受ける権利を有する。」として教育を受ける権利を規定し，さらに「すべて国民は，法律の定めるところにより，その保護する子女に普通教育を受けさせる義務を負ふ。義務教育は，これを無償とする。」として，普通教育を受けさせる義務を規定しました。これにより，教育を受ける権利が国民の基本的人権の一つとして位置づけられ，無償制の義務教育の根拠が憲法に定められたのです。

　この憲法に関する議論のなかで，新しい教育の理念などを示す教育の根本法の策定が構想されました。これを受けて教育刷新委員会で法律の原案が作成され，国会・枢密院での審議を経て1947（昭和22）年3月に教育基本法が公布されました。

　前文と11か条から構成された教育基本法は，憲法に準じる位置づけのものであり，教育の基本理念と新しい教育の指針を示す法律でした。前文では，日本国憲法で掲げられた民主的で文化的な国家の建設と世界の平和と人類の福祉に貢献するという理想の実現は「根本において教育の

力にまつべきものである」として，そのために「個人の尊厳を重んじ，真理と平和を希求する人間の育成を期するとともに，普遍的にしてしかも個性ゆたかな文化の創造をめざす教育を普及徹底しなければならない」と述べられています。このように日本国憲法の理念に則り教育の原則を示した教育基本法は，その後制定される各種の教育法の理念と原則を規定するという性格を持ち，実質的に教育に関する基本法と言えます。

　教育の目的については，第1条で「教育は，人格の完成をめざし，平和的な国家及び社会の形成者として，真理と正義を愛し，個人の価値をたつとび，勤労と責任を重んじ，自主的精神に充ちた心身ともに健康な国民の育成を期して行われなければならない」とされ，教育の目的は人格の完成にあり，日本国憲法が掲げる国家の担い手を育成することにあるとされました。そしてこの教育の目的は，「あらゆる機会に，あらゆる場所において実現されなければならない」とされました（第2条）。第3条以降には，教育を受ける権利を保障するための諸原則，すなわち教育の機会均等，義務教育の無償制，男女共学などについて規定されています。

3　新しい教育制度の整備

　教育基本法で掲げられた諸条項を具体化するために，1947（昭和22）年3月に学校教育法が公布されました。学校教育法は幼稚園から大学院までの学校教育全般について規定した総合的な法律であり，これにより戦前において小学校令などの各種の学校ごとの学校令であったものが一本化されました。

　学校教育法では，第1章「総則」において学校の範囲を「小学校，中学校，高等学校，大学，盲学校，聾学校，養護学校及び幼稚園」としたうえで（第1条），設置者，設置基準，設置廃止の認可等について規定しています。第2章からは，小学校，中学校，高等学校，大学，特殊教育，幼稚園の各章で構成されており，それぞれの教育目的や教育目標，修業年限等が明文化されています。学校教育法では，①教育の機会均等の実現，②6・3・3・4制を基本とした単線型学校制度の確立，③義務教育年限の9年間への延長が規定されました。教育の機会均等については，経済的理由によって，就学困難と認められる者に対する就学援助などが明記されました。また，学校体系については戦前の複線型を単線型にし，6年制の小学校に続く中等教育をそれぞれ3年制の中学校と高等学校に単純化したうえで，小学校と中学校の9年間を義務教育としました。高等教育機関については4年制の大学に一本化し，大学の門戸がす

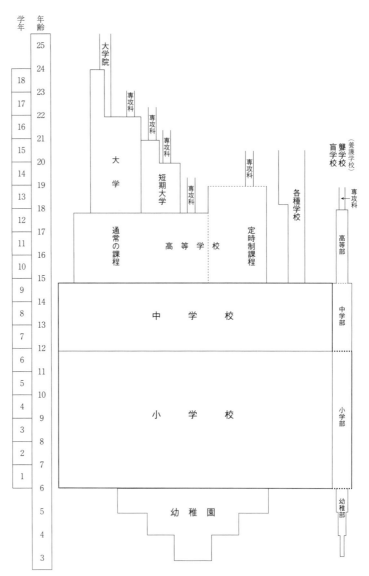

図 8-1 1950（昭和25）年の学校系統図
出所：『学制百年史』（https://www.mext.go.jp/content/20220902-mex_soseisk01_000024797_24.pdf 2023年4月12日閲覧）をもとに筆者作成。

べての高等学校卒業生に開かれることとなりました（図8-1）。

　学校教育法は1947（昭和22）年4月から施行され，まず新制の小学校と中学校が同年4月に発足しました。翌1948（昭和23）年からは高等学校が，次いで1949（昭和24）年4月から大学も発足しました。

　新しい体制に移行するなかで，教育内容の改革も行われました。小学校の教科は，国語，社会，算数，理科，音楽，図画工作，家庭，体育および自由研究と定められ，各教科の教育課程や教育内容，時間配当は学習指導要領によって基準が示されることとなりました。また教科書制度

も改正され，それまでの国定教科書の制度が廃止され，代わって教科書検定制度が発足しました。

　一方，教育行政の分野でも改革が行われ，1948（昭和23）年に「教育委員会法」が制定されました。これにより教育委員会制度が導入され，教育の地方分権化が図られました。各地域に設置された教育委員会は公選制で委員を選出し，学校等の教育機関の設置と廃止，管理と運営なのについての権限を与えられることとなりました。

　幼稚園については前述のように学校教育法第1条において，学校の一つとして位置付けられ，幼稚園教育の目的は「幼児を保育し，適当な環境を与えて，その心身の発達を助長すること」（第77条）とされました。また，入園年齢は3歳から，小学校就学の始期に達するまでと明記されました。

　一方，保育所については，1947（昭和22）年12月に児童福祉法が成立し，保育所が児童福祉施設の一つとして制度化されました。児童福祉法では，「国及び地方公共団体は，児童の保護者とともに，児童を心身ともに健やかに育成する責任を負う」（第2条）として保育の公的責任が示されています。また保育所の目的は「日日保護者の委託を受けて，その乳児又は幼児を保育すること」（39条）とされ，保育所はすべての子どもの福祉のための施設として規定されました。

2　戦後教育改革からの転換

　1952（昭和27）年4月にサンフランシスコ講和条約が発効となり，日本は独立国としての地位を回復し，日本の主権が承認されました。これを受け，終戦以後の占領下の時代に展開された教育政策の見直しが行われることになります。

　教育内容については1958（昭和33）年に学習指導要領が全面改訂され，それまでは「試案」として授業を行う際の参考資料という位置づけであったものが，文部大臣によって告示され法的拘束力を持つものになりました。改訂により「道徳」の時間が設けられ，小学校及び中学校の学習指導要領では道徳教育の目標や内容，指導計画が明記されています。その他にも，系統的な学習の重視，基礎学力の充実，科学技術教育の向上といった方針が示されました。

　一方この時期には，教育課程改善のための基礎的資料を得る目的で全国学力調査が実施されました。文部省は1956（昭和31）年から小学校・中学校・高等学校における学力の実態調査を始め，1961（昭和36）年か

第Ⅱ部　教育の思想と歴史

ら4年間は中学校2，3年生の学力調査が行われました。この調査に対しては，文部省による現場の教育への統制や教員の評価につながるものとして批判が生じることになります。

　また，教育委員会制度についても見直しが行われました。戦後の改革期に制定された「教育委員会法」は廃止され，代わって1956（昭和31）年に「地方教育行政の組織及び運営に関する法律」が制定されました。これにより教育委員会を構成する教育委員は住民による公選制から首長による任命制になりました。この見直しは，文部省による県や市町村の教育委員会に対する統制の強化であるとして，世論の反発をあびることになります。

　戦後教育の見直しが進むなか，1948（昭和23）年に刊行され幼稚園教育の基準となっていた「保育要領」が1956（昭和31）年に改訂され，この時に名称が「幼稚園教育要領」に改められました。ここで示された教育内容は「健康」「社会」「自然」「言語」「音楽リズム」「絵画制作」の6領域でした。一方，保育所保育の基準としては1965（昭和40）年，厚生省により「保育所保育指針」が作成されています。

3　高度経済成長期の教育

　1955年ごろに始まった高度経済成長は，日本の教育のあり方にも大きな影響を及ぼします。また，科学技術の発展やベビーブームの到来といった要因も重なり，この時期に日本の教育は規模が拡大します。

　すでに1950年代より戦後復興を目指す経済界から寄せられる教育への期待は大きかったのですが，めざましい経済成長を背景にして，経済界からの要求は1960年代にいっそう増大し，経済の発展に適した教育のあり方が求められるようになりました。こうした動向の理論的根拠となった研究として，アメリカの経済学者セオドア・シュルツ（1902-1998）の提唱した教育投資論がありました。教育によって労働者の資質向上や技術革新を実現し，社会の生産性の向上が導かれるという教育投資論の考え方は，日本の経済政策における教育政策の重視につながっていきました。1962（昭和37）年には『日本の成長と教育』が文部省から出され，教育の効果が経済成長につながるものとして論じられます。さらに翌1963（昭和38）年には経済審議会の答申「経済発展における人的能力開発の課題と対策」が出され，そこでは教育において能力主義を徹底することが主張されました。具体的には，学校教育において工業化社会に対応した職業訓練を拡充し，産業構造の変化に見合った後期中等教育の多

様化という方針が示されました。

　こうした経済界からの要求を受けて，1966（昭和41）年，中央教育審議会は答申「後期中等教育の拡充整備について」を出し，高校教育の多様化が推し進められました。そして高校における能力主義の徹底と教育の多様化は，高校の序列化を生み出すことになります。学校教育が人材の配分・養成機関として機能するようになり，子どもにより高い教育を受けさせてよりよい生活を手に入れさせるために受験競争が激化しました。人々の教育要求の高まりは，進学率の上昇にもつながっていきます。1954（昭和29）年に初めて50％を超えた高校への進学率はその後，1965年には70.7％，1970年には82.1％，1975年には91.9％と急激に上昇します。また，大学・短期大学への進学率も1960（昭和35）年には10.3％であったものが1965年には17.0％，1970年には23.6％，1975年には38.4％へと上昇しています。

　こうした教育の急速な拡大のなかで，教育の現場で様々な問題が顕在化します。教育現場は，詰め込み教育の弊害，授業についていけない子どもの増加，青少年の非行，校内暴力といった問題への対応を迫られることになります。

(1)　**中央教育審議会**
教育刷新審議会（教育刷新委員会から改称）に代わって，1952（昭和27）年に設置された文部大臣の諮問機関。その後2001年（平成13年）の中央省庁再編により，従来の文部省の中央教育審議会を母体にしつつ，生涯学習審議会，理科教育及び産業教育審議会，教育課程審議会，教育職員養成審議会，大学審議会，保健体育審議会の機能を統合し，文部科学省に設置された。

4　新しい時代の到来と教育改革

1　**中央教育審議会四十六年答申と臨時教育会議**

　1970年代に入り，日本は高度経済成長期を経て安定成長の時代に移行します。教育の大衆化が進行するなか，新たな教育制度の枠組みづくりが推し進められます。

　1971（昭和46）年，中央教育審議会は答申「今後における学校教育の総合的な拡充整備のための基本的施策について」を出します。答申では，能力主義の観点からの学校体系の見直しや中等教育におけるコースの多様化などが提唱されましたが，教育全体を能力主義的に再編成しようとする動きに反発が起こり，また景気の後退という社会情勢もあり，ここで示された教育改革の多くは実施されませんでした。

　持ち越された教育改革の議論は，1980年代に検討されることになります。1984（昭和59）年，内閣直属の諮問機関として臨時教育審議会が設置されます。審議会は1985年（昭和60）年から1987年にかけて四つの答申を出し，「個性重視の原則」「生涯学習体系への移行」「国際化ならびに情報化への対応」という改革の方向性を示しました。

　この方針にそって，1988（昭和63）年に文部省は生涯学習局を設置し，

93

第Ⅱ部　教育の思想と歴史

1990（平成2）年には生涯学習についてのはじめての法律である「生涯学習の振興のための施策の推進体制等の整備に関する法律」が制定されています。

2　平成期の教育改革①──新たな学校像・学力観の模索

平成期に入り，経済の情勢や社会の構造が大きく変化します。少子高齢化の進展，経済のグローバル化，雇用の流動化，ライフコースやライフスタイルの多様化といった変化は，人々の生活環境を大きく変容させるものでした。こうした急激な社会変容に対応した教育政策が模索されることになります。

1996（平成8）年に出された中央教育審議会の「21世紀を展望した我が国の教育の在り方について」第一次答申では，「生きる力」の語が初めて用いられ，「生きる力」をバランスよく育んでいくことが重要であるとの認識を示しています。「生きる力」とは変化の激しい時代を生きる子どもたちに必要な資質や能力であり，①「自分で課題を見つけ，自ら学び，自ら考え，主体的に判断し，行動し，よりよく問題を解決する資質や能力」②「自らを律しつつ，他人とともに協調し，他人を思いやる心や感動する心など，豊かな人間性」③「たくましく生きるための健康や体力」であると述べられています。

この答申では学校外活動の充実や子どもの「ゆとり」確保をねらいとして，学校週5日制が提言されました。すでに学校週5日制は1992（平成4）年より段階的に実施され，2002（平成14）年には完全実施となりました。さらに，1998（平成10）年に改訂された学習指導要領では，答申で提言された「総合的な学習の時間」が新設され，子どもが主体的に取り組む横断的・総合的な学習が推進された一方で，教育内容の厳選にともない教育内容や授業時間が削減されました。

しかし，教育内容削減の方向を打ち出した1998年の学習指導要領に対し，「学力低下」問題を指摘する声が理系の大学教員や経済界からあがります。こうした指摘を受けて，2003（平成15）年12月に学習指導要領が一部改訂され，学習指導要領に示していない「発展的な学習」を指導することができるとしました。2003年に実施されたPISA（国際的な学習到達度調査）の調査結果において日本の順位が大きく下がったことも学力重視に転換する一つの契機となり，日本の教育はいわゆる「脱ゆとり教育」の方向に進むことになります。

第8章 戦後における学校教育の展開

3 平成期の教育改革②——教育基本法改正

今後の教育の在り方について検討するため，2000（平成12）年3月，内閣総理大臣の私的諮問機関として「教育改革国民会議」が設置され，同年12月に最終報告として「教育改革国民会議報告——教育を変える17の提案」が発表されました。報告では，家庭教育や道徳教育の重視，奉仕活動の義務化などの提言がなされました。その提案の一つとして，「新しい時代にふさわしい教育基本法を」という方針が示されました。

この教育改革国民会議の提言を受けて，中央教育審議会は2003（平成15）年3月，答申「新しい時代にふさわしい教育基本法と教育振興基本計画の在り方について」を出しました。

こうした流れのなかで，教育基本法は2006（平成16）年12月に改正されます。新しい教育基本法では，新たに「教育の目標」として，道徳心，公共の精神，自律の精神の涵養や伝統と文化の尊重，郷土や国を愛すること，国際社会の一員としての意識の涵養などが加わりました。

教育基本法改正の後，2008（平成20）年に小学校及び中学校の学習指導要領が改訂されました。「生きる力」「基礎的・基本的な知識及び技能」「思考力，判断力，表現力」の育成などが目指され，「外国語活動」の導入や授業時数の増加が示されました。

さらにその後，2017（平成29）年には小学校及び中学校の学習指導要領が改訂されます。小学校における教育内容の主な変更点としては，中学年で「外国語活動」が，高学年で「外国語科」が導入され，また，情報活用能力の育成をねらいとしてコンピューターの基本的操作やプログラミングが学習活動として実施されることとなりました。

4 少子化時代の到来と保育政策の展開

一方で，1990年代に入り，少子化の現状が社会問題として認識されるようになり，それに対応した施策が次々に打ち出されます。1994（平成6）年には「今後の子育て支援のための施策と基本的方向」（エンゼルプラン）が発表され，厚生労働省は低年齢児保育や延長保育・一時保育の拡充等を進めました。2006（平成18）年には「就学前の子どもに関する教育，保育等の総合的な提供の推進に関する法律」が制定され，幼稚園と保育所の両方の機能を備え，保育及び保護者に対する子育て支援の総合的な提供を行う施設として認定こども園が創設されました。幼保連携型認定こども園の教育課程その他の教育及び保育の内容に関する事項を定めた「幼保連携型認定こども園教育・保育要領」は2014（平成26）年に告示されました。

95

第Ⅱ部　教育の思想と歴史

　社会の急激な変化を背景として幼児教育の重要性が認識され「保育の質」を高めることが求められるなかで，2017（平成29）年には「幼稚園教育要領」「保育所保育指針」「幼保連携型認定こども園教育・保育要領」の3法令が同時に改訂（改定）されています。この改訂（改定）では，幼稚園も保育所も幼保連携型認定こども園も同じく，日本の「幼児教育施設」であると位置づけられ，「幼児教育施設」として共通の見通しを持って幼児教育を行うことが大きなポイントとなっています。3法令では共通して，幼児教育において育みたい子どもたちの資質・能力として「知識及び技能の基礎」「思考力，判断力，表現力等の基礎」「学びに向かう力，人間性等」の3つの柱が示されています。さらに「幼児期の終わりまでに育ってほしい姿」として10の姿が提示されており，幼稚園，保育所，幼保連携型認定こども園に共通する幼児教育の在り方が示されています。

5　令和期の教育改革――「日本型学校教育」の模索

　2021（令和3）年1月，中央教育審議会は答申「『令和の日本型学校教育』の構築を目指して――全ての子供たちの可能性を引き出す，個別最適な学びと，協働的な学びの実現」を発表します。答申では，実現すべき「令和の日本型学校教育」の姿として，「個別最適な学び」と「協働的な学び」を提唱しています。そして，「個別最適な学び」に必要なのは，子ども一人ひとりの特性に応じた指導を行う「指導の個別化」と，子どもの興味・関心に応じた学習の機会を提供する「学習の個性化」であるとしています。また，「個別最適な学び」が「孤立した学び」に陥らないために，多様な他者と協働し他者を尊重し一人ひとりの持つ可能性を生かすことでよりよい学びを生み出すような「協働的な学び」が必要だとしています。こうした学びを可能にするために，これまでの実践とICTとの最適な組み合わせを実現することが提言されています。

【Work 8-1】
戦後から現在の教育に関する主な出来事について，下記の年表の空欄を埋めましょう。

年	主なできごと
1947（昭和22）年	「学習指導要領（試案）」刊行 ①＿＿＿＿＿＿＿＿＿公布，②＿＿＿＿＿＿＿＿＿公布
1948（昭和23）年	③＿＿＿＿＿＿＿制定
1956（昭和31）年	④＿＿＿＿＿＿＿＿＿＿＿＿＿＿＿＿＿＿制定
1958（昭和33）年	学習指導要領が全面改訂（告示となる）

1962（昭和37）年	⑤『＿＿＿＿＿＿＿＿＿＿』が文部省から刊行される。
1971（昭和46）年	中央教育審議会答申「今後における学校教育の総合的な拡充整備のための基本的施策について」
1984（昭和59）年	内閣直属の諮問機関として⑥＿＿＿＿＿＿＿＿＿設置
1990（平成 2 ）年	⑦＿＿＿＿＿＿＿＿＿＿＿＿＿＿＿＿＿＿＿＿＿制定（生涯学習についてのはじめての法律）
1998（平成10）年	学習指導要領改訂（「総合的な学習の時間」新設）
2002（平成14）年	⑧＿＿＿＿＿＿＿完全実施
2006（平成18）年	⑨＿＿＿＿＿＿改正
2021（令和 3 ）年	中央教育審議会答申「『令和の日本型学校教育』の構築を目指して～全ての子供たちの可能性を引き出す，個別最適な学びと，協働的な学びの実現～」

参考文献

大田堯『戦後日本教育史』岩波書店，1978年。

海老原治善他『日本近代教育史──岩波講座　現代教育学 5 』岩波書店，1962年。

山住正己『日本教育小史』岩波書店，1987年。

勝田守一・中内敏夫『日本の学校』岩波書店，1964年。

平原春好・寺崎昌男編『教育小事典』学陽書房，1982年。

『学制百年史資料編』（https://www.mext.go.jp/b_menu/hakusho/html/others/detail/1317930.htm　2023年 4 月12日閲覧）。

『学制百二十年史』（https://www.mext.go.jp/b_menu/hakusho/html/others/detail/1318221.htm　2023年 4 月12日閲覧）。

『学制百五十年史』（https://www.mext.go.jp/b_menu/hakusho/1420041_00011.htm　2023年 4 月12日閲覧）。

黒羽亮一「日本における経済社会の拡大と学校教育」『学位研究』第 3 号，1995年。

玉井康之・川前あゆみ「『令和の日本型学校教育』の社会背景と教育観の転換」『教育学の研究と実践』第18号，2023年。

◆◆保育・教育現場に生かすために◆◆

戦後の学校教育の歴史をたどると，その時々の国際的な動向や政界・経済界からの要求に影響されながら発展してきたことが分かります。また，これからの時代に必要な学力とは何か，その学力をそれぞれの子どもが獲得するためにどのような学び方がよいのかが常に模索されてきました。令和期に入った現在は，AI技術の発達を背景とした産業構造や働き方の変化に対応した新たな学びの在り方が構築されようとしています。現在の教育に関する議論を理解するために，戦後教育史の知識を確かなものにしてほしいと思います。

第Ⅱ部　教育の思想と歴史

【Work 8-2】

本章を読んで，以下の問いに答えましょう。

1　1998（平成10）年の学習指導要領改訂により，「総合的な学習の時間」が創設されました。その背景として，当時学校教育におけるどのような学びが構想されていたのか，1996年の中央教育審議会第一次答申「21世紀を展望した我が国の教育の在り方について」を参考に書き出してみましょう。

2　2021（令和3）年1月に出された中央教育審議会答申「『令和の日本型学校教育』の構築を目指して——全ての子供たちの可能性を引き出す，個別最適な学びと，協働的な学びの実現」では，幼児教育と義務教育がどのように構想されているか，調べましょう。また，ここで示された今後の教育の方向性について，自分の意見をまとめ，グループで共有してみましょう。

①幼児教育

②義務教育

③今後の教育の方向性についてのあなたの考え

第Ⅲ部

教育の環境と現状

第9章
遊びと学び──幼児期から児童期へ

　幼稚園・保育所・幼保連携型認定こども園から小学校へと教育の場が変わっても，一人ひとりの子どもの学びは，階段を登るように飛躍するのではなく連続しています。保育者・小学校教諭を目指す皆さんは，幼児期から児童期へと連続している子どもの学びを支えるために何を理解しておけばよいでしょうか。本章では，幼児期の教育の基本から始め，保育者・教師となった時をも視野に入れつつ子どもの学びについて考えていきます。

＊＊学びのポイント＊＊
①幼児期の教育の基本について理解する。
②幼児にとっての遊びについて理解する。
③幼児期から児童期への学びの連続性について考える。

1　幼稚園と小学校での子どもの姿

　幼児期の教育を行う場としての幼稚園の特性をとらえるために，まずWork 9-1に取り組んでみましょう。

【Work 9-1】
　幼稚園，小学校と聞いて思い浮かぶ場面を描いてみましょう。また，幼稚園の絵と小学校の絵に共通する点，異なる点を書き出し，周囲の人と話し合ってみましょう。

〈幼稚園〉　　　　　　　　〈小学校〉

・相違点

・共通点

　Work 9-1で，幼稚園，小学校と聞いて思い浮かぶ場面を描いてみた

第9章　遊びと学び──幼児期から児童期へ

らどのような絵になりましたか。そして，周囲の人と見比べ，絵にどの
ような共通点と相違点が見つかりましたか。

　幼稚園の絵には音楽に合わせて歌ったり踊ったりしている子どもたち，
ごっこ遊びに熱中している子どもたち，園庭で自由に走りまわっている
子どもたちといった場面を，小学校の絵には時計のついた校舎，教科書
とノート，黒板と黒板の方を向いて整然と並んでいる机と椅子，黒板の
前で話している先生と先生の方を向いて静かに話を聞いている子どもた
ちといった場面を描いた人が多いのではないかと予想しますが，いかが
でしょうか。幼稚園では子どもたちが自由に遊んでいて，小学校では子
どもたちが同じ勉強をしている，そのようなイメージを持っている人が
多いようです。

　日本の学校制度の基本を定めている学校教育法第1条には「この法律
で，学校とは，幼稚園，小学校，中学校，義務教育学校，高等学校，中
等教育学校，特別支援学校，大学及び高等専門学校とする」とあり，幼
稚園は学校であると定められています。そのため，幼稚園にも，集団性，
意図性，計画性といった小学校，中学校，高等学校などと同じ学校教育
の特性があります。それなのになぜ，上で示したイメージの違いが生ま
れるのか気になりますね。でもその理由に入る前に，幼児期の教育を行
う場について整理しておきましょう。

2　幼児教育を行う場としての幼稚園，
保育所，幼保連携型認定こども園

　最初に幼稚園のみを取り上げましたが，保育所や幼保連携型認定こど
も園がどうして出てこないのかと疑問に思った人がいたかもしれません。
幼稚園，保育所，幼保連携型認定こども園が成立した歴史的背景は異な
り，現在の社会においてもそれぞれの社会的役割があります。その違い
を踏まえた上で，本章で説明していく内容は，幼稚園だけでなく，多く
の幼児が生活している保育所や，幼稚園と保育所の機能を合わせ持つ幼
保連携型認定こども園にも共通します。少し詳しく保育所についてみて
みましょう。

　保育所における保育は，養護と教育を一体的に行うことを特性として
います。そして，「保育所保育指針」第1章総則には，「4　幼児教育を
行う施設として共有すべき事項」があり，その内容は，「幼稚園教育要
領」と共通する「育みたい資質・能力」と「幼児期の終わりまでに育っ
てほしい姿」です。これは，保育所が幼児教育において幼稚園と同様の

101

第Ⅲ部　教育の環境と現状

役割を担うこと，保育所で保育士等が従来から行ってきた乳幼児への保育活動全体が乳幼児の学びを支えていたことを明確に示したのだととらえられます。視点を換えれば，保育所における保育において，乳幼児期から児童期への学びの連続性を，現在よりもさらに意識する必要があることを表わしているとも言えるでしょう。

　さて，幼稚園・保育所・幼保連携型認定こども園，小学校が教育を行う場であるにもかかわらず，一般的にイメージされる場面に違いが生まれる理由を考えるため，幼稚園で行われる幼児期の教育の基本について理解することからはじめてみましょう。その後に，幼児期の教育の基本についての理解を土台としながら，遊びと学びについて考えていきます。幼稚園・保育所・幼保連携型認定こども園から小学校へと通う場が変わっても，子ども一人ひとりの成長発達は連続しています。幼児期から児童期へと連続している子どもの学びを支えるために，保育者や教師として必要な視点とは何かを考える機会としてください。

3　幼児期の教育の基本

　幼稚園の教育課程編成の基準を示している「幼稚園教育要領」の第1章第1では，表9-1に示すように，幼稚園教育の基本として，幼児期の教育を行う上で重要な点（下線筆者）が示されています。本節では，幼児期の教育の基本として，①環境を通して行う教育，②幼児期にふさわしい生活の展開，③一人ひとりの発達の特性に応じた指導の3点があげられます。そして，幼児期の教育の基本の一つである遊びを通しての総合的な指導についても掘り下げていきましょう。

■1　環境を通して行う教育

　幼児期は，自分の生活や興味や関心などから離れて，知識を一方向的に教えられて身に付けていくことが難しい時期です。幼児は，小学校以上の学校のように教師の説明を聞いて物事を理解するのではなく，自分の生活の中で感じた興味や関心，欲求や必要感に基づいた直接的・具体的な経験を通して，様々なことを身に付けることができるのです。幼稚園教育要領解説では，「教育内容に基づいた計画的な環境をつくり出し，幼児期の教育における見方・考え方を十分に生かしながら，その環境に関わって幼児が主体性を十分に発揮して展開する生活を通して，望ましい方向に向かって幼児の発達を促すようにすること」と，環境を通して行う教育について説明しています。そして，この環境には，自然環境，

(1)　文部科学省『幼稚園教育要領解説』フレーベル館，2018（平成30）年，p. 29。

第9章　遊びと学び――幼児期から児童期へ

表9-1　「幼稚園教育要領」第1章総則 第1幼稚園教育の基本

　幼児期の教育は，生涯にわたる人格形成の基礎を培う重要なものであり，幼稚園教育は，学校教育法に規定する目的及び目標を達成するため，幼児期の特性を踏まえ，環境を通して行うものであることを基本とする。
　このため教師は，幼児との信頼関係を十分に築き，幼児が身近な環境に主体的に関わり，環境との関わり方や意味に気付き，これらを取り込もうとして，試行錯誤したり，考えたりするようになる幼児期の教育における見方・考え方を生かし，幼児と共によりよい教育環境を創造するように努めるものとする。これらを踏まえ，次に示す事項を重視して教育を行わなければならない。
　1　幼児は安定した情緒の下で自己を十分に発揮することにより発達に必要な体験を得ていくものであることを考慮して，幼児の主体的な活動を促し，幼児期にふさわしい生活が展開されるようにすること。
　2　幼児の自発的な活動としての遊びは，心身の調和のとれた発達の基礎を培う重要な学習であることを考慮して，遊びを通しての指導を中心として第2章に示すねらい（幼稚園教育において育みたい資質・能力を幼児の生活する姿からとらえたもの，引用者注）が総合的に達成されるようにすること。
　3　幼児の発達は，心身の諸側面が相互に関連し合い，多様な経過をたどって成し遂げられていくものであること，また，幼児の生活経験がそれぞれ異なることなどを考慮して，幼児一人一人の特性に応じ，発達の課題に即した指導を行うようにすること。

　その際，教師は，幼児の主体的な活動が確保されるよう幼児一人一人の行動の理解と予想に基づき，計画的に環境を構成しなければならない。この場合において，教師は，幼児と人やものとの関わりが重要であることを踏まえ，教材を工夫し，物的・空間的環境を構成しなければならない。また，幼児一人一人の活動の場面に応じて，様々な役割を果たし，その活動を豊かにしなければならない。

注：下線筆者。

地域社会と文化，物的環境，時間と空間，人的環境など，幼児を取り巻くあらゆるものが含まれます。

　幼児が自分の興味や関心，欲求や必要感に基づいた直接的・具体的な経験を通して様々なことを身に付けていくのであれば，幼児期の教育で大切なことは，幼児の興味や関心，欲求，必要感をかきたて思わず手を出したくなるような教育的環境を意図的，計画的に準備することです。幼児は，このような環境と関わることで，環境の特性や意味に気付いたり，その特性を遊びに生かそうとして工夫したり，自分や仲間の思いが達成されて満足感や充実感を得たり，自分の思いが伝わらずぶつかり合ったり悔しがったりといった多様な経験をしていきます。そして幼児は，このような経験を通して，その幼児なりの環境との関わり方をつくりあげていきます。

2　幼児期にふさわしい生活の展開

　表9-1幼稚園教育要領第1章総則 第1幼稚園教育の基本にもあるように，幼児が「幼児期にふさわしい生活」を送るためには，情緒が安定していることが大切です。そして，この幼児の安定した情緒は，幼児と

103

保育者との信頼関係と，それに基づく幼児の安心感によって生まれるのです。信頼する保育者に受け入れられ見守られているという安心感を得た幼児は，幼稚園などの多様な環境と関わりながら，一人ひとりの発達に必要な経験を積み重ねていきます。具体的には，一人あるいは友達と遊び込む経験を積み重ねることで，人を思いやったり，自分とは異なる人の思いや考えを認めたり，失敗しても繰り返し挑戦したり，試行錯誤したりなどしながら，これからの生活で必要となる基本的な力を身に付けていきます。そのために保育者には，幼児の発達を見通し，それぞれの時期にふさわしい生活や環境を準備することが求められます。

また，社会に目を向けた時，幼児が幼児期にふさわしい生活を送ることが難しい現状も生じています。前述の思わず遊びたくなるような環境や，幼児が十分に遊び込むことのできる友達（仲間）や空間や時間，多様な素材や季節によって移り変わる豊かな自然との関わりを保障することも，幼稚園などの役割として大きくなっていると言えるでしょう。

3　一人ひとりの発達の特性に応じた指導

幼児一人ひとりの育ってきた環境や生活経験などは多様であるため，環境の見方や環境との関わり方は幼児によって異なります。それは，発達する方向は同じであっても，発達の過程で見せる姿は幼児によって異なるということ，同じ環境であっても一人ひとりの幼児の発達にとってその環境が持つ意味は異なるということ，一方で異なる環境であっても幼児の発達にとっては同じような意味を持つ経験をする場合があるということを表しています。そのため，保育者は，できたか・できなかったかという結果ではなく，結果に至る過程で幼児が見せるその幼児らしい環境の見方，感じ方，関わり方などから，その幼児の思いや気持ちといった内面を理解し，その幼児の発達の状況と発達の課題をとらえる必要があるのです。

環境を通して行う教育と結びつければ，多様な行動や感じ方をする幼児一人ひとりが，主体的活動の中で，その幼児の発達に必要な経験をすることができる環境を整えることが大切になります。また，保育者には，一人ひとりの幼児の発達に応じた指導によって，その幼児の発達に必要な経験を得られるようにしていくことが求められます。さらに，幼児が互いに関わることで個としても集団としても育つという集団の持つ教育力を生かして，一人ひとりの発達の特性を生かすことのできる集団づくりを行っていくことが大切であると言えるでしょう。

第9章　遊びと学び──幼児期から児童期へ

4　幼児にとっての遊びとは
──遊びを通しての総合的な指導

　最後に，幼児期の教育の基本の一つである遊びを通しての総合的な指導について説明します。ここでいう幼児の「遊び」とは，興味や関心などに基づき自発的に行っている活動であり，他の理由や目的のため，あるいは，活動の成果や結果を期待して行うのではなく，遊ぶことそれ自体が目的であり遊ぶ過程を楽しむ自由な活動のことを指します。そして，遊びを通して，他者を思いやる力や他者と協力する力，きまりの大切さに気付くこと，創造力や思考力，忍耐力など生涯にわたる人格形成の基礎が育まれると考えられます。

　幼児を観察すると，遊びが生活の多くを占めていることが分かります。本節では，前述した幼児期の教育の基本とも結びつけながら，幼児にとって遊びが学びであることと，遊びを通しての総合的な指導について掘り下げてみます。友達とイメージを共有しながら，集団でダイナミックな遊びに取り組めるようになる5歳児の砂場遊びを例に考えてみましょう。

事例9-1　5歳児たちの砂場遊び

　5歳児のグループが砂場で遊んでいます。砂や水を運んでくる子ども，シャベルで穴や溝を掘る子どもなど役割分担が生まれ，水を運んできては穴に流し込み，溝と溝をつなげて水路を延ばしています。砂に水が染み込んでなくなりそうになると「もっと水を持ってくるね」，水路を延ばすために「もっと砂を掘ろうよ」，水路から水が漏れそうになると「砂，砂，ここにもっと砂を置いて」など，コミュニケーションを取りながら自分たちのイメージを形にしていきます。そして，さらにイメージが広がったようで，山にトンネルを通して水を流そうということになりました。山にトンネルを通し，そこに水を流すためにどうしたらよいのか，山を固くすればよいのか，トンネルの穴をゆっくり掘ればよいのか，使えそうな素材はないかなど，みんなで試行錯誤しています。この遊びは，外で水を使って遊べる季節の間中，繰り返されました。子どもたちは，山にトンネルを通して水を流すために，パイプを使うこと，パイプには傾斜を付けること，山を作る途中でパイプを置くことなどの工夫を見つけ出し，共有しているイメージを実現していきました。

　このように幼児は，一つの遊びを通して，葛藤，充実感，達成感などの様々な感情を経験しながら，言葉を使って自分の考えを伝えること，友達の考えをしっかり聞いて受け入れること，友達とイメージを共有することや調整すること，友達と協力すること，身近な素材を工夫して活用すること，モノの性質などに気付くこと，失敗しても諦めずに粘り強

105

（2） 1960年代に米国ミシガン州で実施されたペリー就学前計画の調査結果に関するジェームス・J・ヘックマン（James J. Heckman）の分析は，幼児期の教育及び社会情動的スキルへの関心を高める一つの契機となった。また，OECD教育研究革新センターが行ったプロジェクトの報告書（2015年）は，「スキルがスキルを生む」とし，社会情動的スキルに早い段階で介入することで効率的にスキルを伸ばせること，教育・労働市場・社会における格差をなくす上で重要な役割を果たし得ることが示されている。このように，人生で成果を収め，社会進歩に貢献するためには認知的スキル（国語や算数，学力テストで測定されるものなど）だけでなく社会情動的スキル（非認知的スキル，忍耐力や社交性など）をも身に付ける必要があると指摘されている。（遠藤利彦『非認知的（社会情緒的）能力の発達と科学的検討手法についての研究に関する報告書』第2版，国立教育政策研究所，2021年1月。OECD編，ベネッセ教育総合研究所企画・制作，無藤隆・秋田喜代美監訳『社会情動的スキル──学びに向かう力』明石書店，2018年）。

（3） 文部科学省の幼児期の教育と小学校教育の円滑な接続の在り方に関する調査研究協力者会議「幼児期の教育と小学校教育の円滑な接続の在り方について（報告）」（平成22年11月11日）では，幼児期と児童期の教育の教育課程の構成原理や指導方法などの違いを，各教科，道徳，特別活動等の区別の有無，目標において

く挑戦することなどができるようになっていきます。[2]

　ここで確認しておきたいことは，砂場でのこの一連の遊びが，幼児自身の興味や関心，必要感に沿って展開されている点です。加えて，砂場でのこの一連の遊びを幼児の一つの能力の発達にのみ結びつけることができない点です。一つの遊びの中で発揮される幼児の能力は多様であり，相互に関連していて，能力の一つを切り取って考えることはできません。一つの遊びに，幼児の様々な能力の発達を促す経験が含まれているのです。だからこそ，幼児の遊びは幼児にとっての学びといえるのです。

　そして，保育者は，遊びを通して幼児が発達する姿を，五領域や「幼児期の終わりまでに育ってほしい姿」といった多角的な視点から総合的に捉えることが必要です。ここで注意しなければならないのは，「幼児期の終わりまでに育ってほしい姿」が方向目標であるということです。目の前の一人ひとりの幼児が「幼児期の終わりまでに育ってほしい姿」に到達することを目標とするのでも，幼児をその姿に押し込めようとするのでもありません。「幼児期の終わりまでに育ってほしい姿」という方向に向けて，それぞれの幼児の発達にとって必要な経験が得られる環境を構成することが大切です。

　そして，幼児期にふさわしい生活の中で，直接的・具体的な経験を通して幼児に育まれた力が，結果として，小学校以上の学びの基礎，社会で生きていくための基礎となっていくのです。

5　幼児期から児童期へ

　幼児期の教育の基本及び幼児にとっては遊びが学びになることについて説明してきました。幼児期から児童期への学びをどのようにつなげていくのかについて，さらに，保育者・教師の視点から考えていきます。

　幼稚園・保育所・幼保連携型認定こども園では遊びを通した総合的な指導を行い，小学校では教科等の授業を通した集団指導を行うという指導方法の違いは，幼児と児童の発達の段階が異なることへの配慮から生じる違いです。[3]幼児期は遊びを通して様々なことを学ぶ時期であり，児童期は学ぶということや学ぶために集中する時間とそうでない時間を意識し，与えられた課題を自分の課題として計画的に学んでいく時期です。このように幼児と児童の発達の段階の違いをとらえることはできますが，小学校に入学すれば幼児期から児童期へと完全に移行するわけではありません。子ども一人ひとりの発達に着目した時，子どもの発達は連続しているのです。

第9章　遊びと学び——幼児期から児童期へ

小1プロブレムの解決や低学年の不登校児童への支援，アプローチカリキュラムやスタートカリキュラム，架け橋プログラムという語句を聞いたことがあるでしょう。これらは，幼児教育と小学校教育との円滑な接続が必要とされる背景やそのための取り組みです。このように，幼児教育と小学校教育との円滑な接続が求められる今，保育者や教師を目指す皆さんは，幼児と児童それぞれの学びの姿を共有し，幼児期から児童期へと連続している学び，その学びを保育者や教師がどのようにとらえているのかについて理解を深めることが必要です。

そこで，幼稚園教師と小学校教師が，保育参観と担任の記録をもとに，幼児の育ちや教師の働きかけの意図などについて協議した事例（事例9-2）を紹介します。なお，本事例の保育参観の視点は，①幼児の遊びの姿から，何に興味や関心をもって楽しんでいるか，②楽しんでいる遊びの中で，どのような力が育とうとしているのか（「幼児期の終わりまでに育ってほしい姿」を手掛かりに），③育ちを支える幼稚園の教師の関わり（環境の構成）についてでした。また，協議の視点は，①幼児の遊びを楽しんでいる姿からどのような力が育とうとしているか，「幼児期の終わりまでに育ってほしい姿」を手掛かりに考え，出し合う，② ①で出された幼児の育ちつつある姿が，小学校の教育のどのような場面につながるかを考える，③幼稚園の教師の関わり（環境の構成）について，小学校でも取り入れたいことや疑問点について出し合い，共有する，と設定されていました。[(4)]

「〜を味わう」のように教育の方向付けを重視するか，「〜ができるようにする」のように具体的な目標への到達を重視するかにあるとする。そして，この違いは，「幼児期の教育が幼児の生活や経験を重視する経験カリキュラムに基づき展開されるのに対し，児童期の教育が学問体系の獲得を重視する教科カリキュラムを中心に展開されるといった違いにも現れている」と説明している。

(4) 文部科学省『指導と評価に生かす記録』2021年，pp. 130-136。

事例9-2　子どもの活動場面

幼児の姿	幼稚園教師の読み取りと願い
水路のある部分では，S児，R児，T児が土を深く掘って水を溜め，「温泉にしよう」と言っている。S児が「入れて〜。どれくらい深くなったかな」と言いながら裸足で入っていく。それぞれ掘る手を止め，「Rも」「Tも入る！」と入っていく。「キャー！」と叫びながら，笑顔で手を取り合って喜んでいる。 　R児が「わ。ここ，めっちゃ深い」と言うと，T児が「え？どこどこ？」とR児がいるところに近付いて深さを確かめている。その後，R児は水から出て，足の濡れている境目の部分を指差し，「ギャー，ここ（ひざ）くらいまで！」と驚いていた。 　一方，M児が水の深いところ（温泉）と浅いところ（川）を行ったり来たりしている。教師と目が	S児らは水が溜まってきている場所を掘り進めて深い温泉にしたいと考えた。 　S児は見た目ではよく分からない水の深さを確かめたいと思い，中に入ったことで，R児とT児も続いた。 　裸足で浸かる水の気持ちよさと，自分たちが掘った深さを感じ，喜び合っている。 　水の中では感覚的に深さを感じていたが，水から出てきて，足の濡れている境目を見て，改めてどれくらい深いかを実感している。 　また，M児が場所によって水温が違うことに気付き，繰り返し水温の違いを味わっていた。教師は，驚きを一緒に感じたいと思い，M児をまねてみた。

第Ⅲ部　教育の環境と現状

合ったM児が「こっちは冷たい〜」と言ったので教師も川に入り、「本当だ！こっちは冷たいね」と驚いて伝えた。その声を聞いた周りの幼児たちが「なになに？」と関心をもち始め、同じように行ったり来たりして自分たちで確かめ、水温の差に驚いている。教師が「何でだろうね」とつぶやくが、幼児たちはあちこちを歩き回り、「ここがめっちゃあったかい」などと知らせ合っている。

M児と教師のやり取りに気付いた周りの幼児たちも入り、水温の差を感じ、驚き、面白がっていた。

　教師は、なぜ水温が違うのか一緒に考えたいと思い「何でだろうね」とつぶやいたが、幼児たちはどこが温かいのか冷たいのか探ることを楽しんでいた。今後、こうした体験を積み重ねていくことで、どうして水温が違うのか、なぜ温度が変わるのか、予想したり試したりして考えることを楽しみたいと思う。

注：　下線は筆者。
出所：「事例4　記録を基に小学校教師と『幼児期の終わりまでに育ってほしい姿』について理解を深める（5歳児6月）」文部科学省『指導と評価に生かす記録』（2021（令和3）年10月）p. 131より引用。

　　　事例9-2に示した5歳児の活動場面を用いて、幼稚園教師と小学校教師が幼児に育とうとしている力、その力が小学校の教育にどのようにつながるかなどについて話し合っています。その中で、幼稚園と小学校の教師双方が、遊びの中で水温の違いに気付き、冷たさや温かさを味わっている幼児の姿に驚き、次のようなやり取りをしています（事例9-3）。

事例9-3　幼稚園教師と小学校教師の協議（一部）

小学校教師：担任の先生は、場所によって水温が違うことを発見し、不思議に思ったり、水の深さに着目したりする幼児の気付きを逃さず、一緒に感じて楽しんで見せておられました。自分が先生の立場ならば、太陽の熱によって浅いところは温かく深いところは冷たいといった答えとなるものを、つい教えてしまうのではないかと思いますが、記録から、意図的に教えなかったと読み取れ、驚いています。どうしてですか？

幼稚園教師：面白いことに気付いたと思い、「なぜだろうね？」と温度の違いについてつぶやいてみましたが、幼児の様子は、「ここは冷たいか、あそこはどうか」といろいろな場所の温度を確かめたり、その温度の差を肌で感じることを楽しんだりしている段階だと思ったので、今日はその発見の驚きやあちこち移動しながら調べて回ること、肌で感じる温度差を存分に味わうことが大事だと判断しました。今後、遊びを繰り返していくうちに、理由を予想したり、仮定して試したりしていきたいと思っています。

小学校教師：幼稚園ではじっくり繰り返し取り組みながら、学んでいけるのですね。その体験が、小学校以降のあらゆる場面で、物事に関心をもち、その理解を確かなものにしていくことにつながると感じました。

注：下線は筆者。
出所：前掲『指導と評価に生かす記録』pp. 133-134より引用。

　　　小学校教師のなぜ意図的に教えなかったのかという幼稚園教師の幼児との関わり方に対する問いに基づき、幼稚園教師と小学校教師とが共に

考えています。それにより，この場面が，５歳児たちが水遊びを担任教師と一緒に楽しんでいる活動だったで終わることなく，幼稚園教師と小学校教師それぞれの子どもの学びのとらえ方とそれを支える指導方法の違いの理解へとつながっています。幼稚園教師は「何でだろうね」とつぶやき，幼児の興味や関心を水温差の理由を探究することへ導こうとしましたが，身体を使って水の温度を存分に味わうことに興味や関心のあった幼児たちに教師の言葉は響きません。幼稚園教師は，幼児の今の興味や関心を理解し，身体で水温やその違いを感じ回ることをあえて優先しました。幼稚園教師のこの判断には，教師による環境の準備と適切な働きかけがあることを前提に，この遊びを繰り返せば，水温の違いの理由を予想したり仮定して試したりするようになるだろうという幼児の学びの見通しがあります。小学校教師は，この協議を通して，幼児と児童の学びの違い，幼稚園教師の意図と学びの見通し，幼児期から児童期への学びのつながりを理解しています。

　本事例は幼稚園の活動場面を取りあげていますが，このやり取りから，幼稚園などの保育者と小学校教諭とが子どもの活動場面を共有しつつ協議することの重要性が分かります。幼児期から児童期への学びの過程で何が連続していくのか，あるいは何をつなげていけばよいのかについて，保育者と小学校教諭が共通認識を持つことで，幼児の経験を小学校での学習に生かすことができるのです。

参考文献

小田豊，青井倫子編著『幼児教育の方法』北大路書房，2009年。

遠藤利彦『平成27年度プロジェクト研究報告書 非認知的（社会情緒的）能力の発達と科学的検討手法についての研究に関する報告書』第２版，国立教育政策研究所，2021年１月。

R. カイヨワ，清水幾太郎・霧生和夫訳『遊びと人間』岩波書店，1970年。

中央教育審議会「『令和の日本型学校教育』の構築を目指して──全ての子供たちの可能性を引き出す，個別最適な学びと，協働的な学びの実現（答申）」2021（令和３）年１月26日。

中央教育審議会初等中等教育分科会 幼児教育と小学校教育の架け橋特別委員会「学びや生活の基盤をつくる幼児教育と小学校教育の接続について──幼保小の協働による架け橋期の教育の充実」2023（令和５）年２月27日。

不登校に関する調査研究協力者会議『不登校に関する調査研究協力者会議報告書〜今後の不登校児童生徒への学習機会と支援の在り方について』2022（令和４）年６月。

幼児期の教育と小学校教育の円滑な接続の在り方に関する調査研究協力者会議「幼児期の教育と小学校教育の円滑な接続の在り方について（報告）」文部

第Ⅲ部　教育の環境と現状

　　　　科学省，2010（平成22）年11月11日。

　　　吉冨芳正編著『現代教育課程入門』明星大学出版部，2019年。

◆◆保育・教育現場に生かすために◆◆

　幼児期から児童期へと連続する子どもの学びを支えるために，①乳幼児期から児童期までの発達を見通すこと，②子どもの内面を理解すること，③幼稚園などと小学校の連携について理解することをまず意識してみてください。①は，子どもの標準的な発達を理解することから始めましょう。その理解を土台にすると，一人ひとりの幼児・児童の個性や特性に気付くことができるのです。②は，「何を楽しいと思っているのか」といった子どもが感じていることや考えていることに意識を向ける習慣をつけることから始めましょう。この習慣は，子ども理解を深めることに繋がります。③は，「幼稚園教育要領」「保育所保育指針」「幼保連携型認定こども園教育・保育要領」「小学校学習指導要領」の内容を学ぶこと，幼稚園などと小学校との連携の実践事例を知ることから始まります。

　本章では，事例を活用して，幼児の遊びにある学びを読み取ることや，保育・教育現場の先生の取り組みを説明してきました。本章の内容が，理論と実践を結びつけるヒントになることを願っています。

【Work 9-2】

　本章を読んで，以下の問いに答えましょう。

1　五領域あるいは「幼児期の終わりまでに育ってほしい姿」を手掛かりにして，事例9-2に登場する幼児たちに育っていることは何かを書き出してみましょう。また，グループで話し合ってみましょう（なお，話し合う活動場面は，本章第4節事例9-1で示した5歳児たちの砂場遊びでも，授業時に新たに提示される活動場面でも構いません）。

第9章　遊びと学び——幼児期から児童期へ

2　上記1の話し合いを踏まえ，幼児たちに育っていることが小学校の学習にどのようにつながるかを，「小学校学習指導要領」（例えば，第2章 各教科）を手掛かりに書き出してみましょう。また，グループで話し合ってみましょう。

第10章

子どもの権利と教育・保育

　子どもの権利とは何でしょうか。子どもの権利は大人の権利とは違うのでしょうか。そして，保育者や教師を目指す者として，子どもの権利を学んでそれを教育にどのように活かしていけば良いのでしょうか。本章ではこうした疑問に対して，子どもの権利条約の基本，子ども観の変化と子どもの自由権の関係，そして子どもの権利という視点から現代の教育・保育を考えることで答えていきます。子どもの権利について学ぶことは，保育者や教師として子どもに向き合うときの基本姿勢を学ぶことに繋がるということが理解できるでしょう。

＊＊学びのポイント＊＊
①子どもの権利の基本と歴史について知る。
②新しい子ども観が子どもの権利条約にどのように影響しているのかを理解する。
③子どもの権利に関する教育を取り巻く現状を知り，子どもへの関わりを考える。

1　子どもの権利条約とは何か

1　子どもの権利条約の基本

　子どもの権利条約（児童の権利に関する条約）は18歳未満の子どもが持つ権利を定めた条約で，1989年に第44回国連総会において全会一致で採択されました。2023年5月現在，この条約を守ることを約束した国と地域は196に上っています。日本は国連での採択後，5年が経過した1994年に子どもの権利条約を批准しています。

　子どもの権利条約は文字通り子どもの権利を記したものですが，なぜ子ども専用の権利条約を作る必要があったのでしょうか。それは子どもにはまだ自分で決めたり責任を取ったりする力が十分にないこと，そして大人から守られる存在としての子どもという子どもと大人の関係性の中で，子どもの人権が全て守られていない状況があることなどがその理由としてあげられるでしょう。

　では，子どもの権利条約の中には子どもの権利としてどのようなことが書かれているのでしょうか。まず，条約は全部で54の条文からなりますが，第41条以降は，この条約の位置づけや締約国が国内で条約を広めたり条約の達成度を確認する委員会を設置したりする必要があること等が記され，直接的に子どもの権利に関して記されているのは第1条から第40条です。

　第40条までの条項には全ての子どもに保障される権利，そして難民や少数民族の子どもや障がいのある子どもなど，特に配慮が必要な子ども

(1)　子どもの権利条約の日本語訳については，政府訳や日本ユニセフ協会抄訳等様々な日本語訳があるが，本章では分かりやすい訳として，日本ユニセフ協会抄訳を取り上げた。

第10章　子どもの権利と教育・保育

表10-1　子どもの権利条約の四つの原則

第2条 差別の禁止（差別のないこと）	すべての子どもは，子ども自身や親の人種や国籍，性，意見，障がい，経済状況などどんな理由でも差別されず，条約の定めるすべての権利が保障されます。
第3条 子どもの最善の利益（子どもにとって最もよいこと）	子どもに関することが決められ，行われる時は，「その子どもにとって最もよいことは何か」を第一に考えます。
第6条 生命，生存及び発達に対する権利（命を守られ成長できること）	すべての子どもの命が守られ，もって生まれた能力を十分に伸ばして成長できるよう，医療，教育，生活への支援などを受けることが保障されます。
第12条 子どもの意見の尊重（子どもが意味のある参加ができること）	子どもは自分に関係のある事柄について自由に意見を表すことができ，おとなはその意見を子どもの発達に応じて十分に考慮します。

出所：日本ユニセフ協会「子どもの権利条約の考え方」https://www.unicef.or.jp/crc/principles/（2025年1月9日閲覧）をもとに筆者作成。

表10-2　こども基本法の六つの原則

1 すべてのこどもは大切にされ，基本的な人権が守られ，差別されないこと。
2 すべてのこどもは，大事に育てられ，生活が守られ，愛され，保護される権利が守られ，平等に教育を受けられること。
3 年齢や発達の程度により，自分に直接関係することに意見を言えたり，社会のさまざまな活動に参加できること。
4 すべてのこどもは年齢や発達の程度に応じて，意見が尊重され，こどもの今とこれからにとって最もよいことが優先して考えられること。
5 子育ては家庭を基本としながら，そのサポートが十分に行われ，家庭で育つことが難しいこどもも，家庭と同様の環境が確保されること。
6 家庭や子育てに夢を持ち，喜びを感じられる社会をつくること。

注：子どもの権利条約の基本原則との重複箇所に下線筆者。
出所：こども家庭庁「すべてのこども・おとなに知ってほしい　こども基本法とは」令和4年．https://www.cfa.go.jp/policies/kodomo-kihon（2025年1月6日閲覧）をもとに筆者作成。

たちの権利についても定められています。そして，子どもの権利条約の基本原則が表10-1です。

　子どもの権利条約締結国は，国連子どもの権利委員会に対して国内で条約が守られているか定期的に報告が必要ですが，日本はこれまで同委員会から様々な指摘を受けています。その結果，例えば2016年に児童福祉法が次のように改正されました。第1条に子どもの権利条約の精神にのっとり子どもは権利を有すること，第2条第1項に子どもの意見を尊重すること及び最善の利益が優先して考慮されるべきことなどが規定されました。また，2023年4月に施行されたこども基本法も同様に子どもの権利条約を踏まえた内容になっています。すべての子どもや若者が将来にわたって幸せな生活ができる社会を実現することを目的としたこの法律には六つの基本理念があり，そのうち四つは子どもの権利条約の基本原則（表10-1）の内容と重なっています。重なっている箇所に下線

113

第Ⅲ部　教育の環境と現状

を引いています（表10-2）。このように，子どもの権利条約に批准した国は子どもの権利が守られるように国内の法律などを整えていくことになります。

2　子どもの権利の歴史

　ここでは子どもの権利の「権利」という言葉を正確に理解するために，人権と権利の違いを確認しましょう。人権とは権利の一つで，人間が人間らしく生きていくためにすべての人に無条件で認められている特別な権利のことです。無条件で認められる人権に対して，権利には義務が伴います。それは例えば私たちが買い物をするとき，お金を払って（義務）欲しい物を自分のものにできる（権利）という関係と同じです。では，子どもの権利条約の「子どもの権利」を得るために子どもは義務を果たさなければならないのでしょうか。これについて児童福祉学者の山縣文治は，次のように述べています。

　　人権の考え方の根底には，強者から弱者を保護するという思想があります。（中略）子どもは人格の主体であっても「弱き者」と考えざるをえない部分があります。したがって，子どもにおいては，多くは権利ではなく，人権と考えるべきです。その相手である「強き者」は，社会や保護者と考えてよいでしょう。子どもの権利条約でも，「権利」という用語が使われていますが，趣旨としては「子どもの人権条約」と理解する必要があります。[2]

　つまり，子どもの権利条約の子どもの権利は「権利」という言葉が使われてはいるものの義務はなく，すべての子どもに無条件で認められているものであり人権と同じ意味でとらえられるということです。
　人権思想は中世以降に発展してきたと言われていますが，当時の子どもは「小さな大人」としてとらえられており，社会的存在としての子どもの存在はないに等しいものでした。子ども期という考えはフランスで活躍した教育学者であり哲学者のジャン＝ジャック・ルソー（Jean-Jacques Rousseau　1712-1778）の『エミール』（1762年）が端緒であると言われています。[3]彼は子どもを大人とは異なる存在としてとらえ「子どもの発見」をしました。「子どもの権利」という言葉を最初に使ったのは『レ・ミゼラブル』（1862年）[4]を書いたビクトル・ユーゴー（Victor-Marie Hugo　1802-1885）であるとも言われています。社会思想家でもあったユーゴーは社会や親に見捨てられた哀れな子どもにも焦点を当て問題を

(2)　山縣文治『子どもの人権をどうまもるのか——福祉施策と実践を学ぶ』放送大学教育振興会，2021年，pp. 30-31。

(3)　詳しくは，第5章2 2を参照。

(4)　ヴィクトル・ユーゴー，永山篤一訳『レ・ミゼラブル（上）（下）』角川書店，2012年。

第10章　子どもの権利と教育・保育

顕在化させようとしました。さらに，子どもの権利という考え方が社会的に広まり始めたのは1900年に出版されたエレン・ケイ（Ellen Karolina Sofia Key 1849-1926）の『児童の世紀』辺りからです。ケイは20世紀こそ子どもが大人から人間として温かく見守られて生きられる世紀にしようと述べその考えは世界中に広まっていきました。

　そして1924年には「子どもの権利に関するジュネーブ宣言」が採択されました。その背景には武器が高度化し多くの子どもの命が奪われた第一次世界大戦の反省がありました。宣言では，すべての国の人々は子どもに対して最善の努力を尽くす義務を負うことなどが規定されました。第二次世界大戦後の1948年の「世界人権宣言」では，すべての人間が生まれながらに基本的人権を持っているということが初めて公式に宣言されました。1959年の「子どもの権利宣言」は，先の子どもの権利に関するジュネーブ宣言や世界人権宣言を引き継ぎます。そして1978年にはポーランド政府が子どもの権利宣言の条約化を提言し，1989年の子どもの権利条約の制定につながっていきました。このように，子どもの権利に関する宣言と条約は二度の世界大戦の反省から大きく前進したのです。

(5)　詳しくは，第5章2 2 を参照。

2　子どもの権利条約における新しい子ども観

1　子ども観の変化

　子どもの権利条約制定後の子ども観とそれ以前の児童福祉の中で前提とされた子ども観には大きな違いがあります。子どもの権利条約制定以前の子ども観は「保護される存在としての子ども」でした。児童福祉は子どもを貧困や暴力，児童労働，教育機会のはく奪等から守ることを目的としていました。子どもの権利条約では子どもが守られるだけの存在ではなく，子ども自身が様々なことを考えて決める「市民」として扱おうという子ども観の転換がありました。なぜ子ども観の転換が起こったのか，それは，従来の「保護される存在としての子ども」という子ども観ではその子どもの周囲の大人によって子どもの何をどう守るかが決められてしまうという問題・限界があったからです。つまり，その子どもの周りにどんな大人がいるかに大きく左右されてしまうのです。その問題について議論した結果，子どもを「市民」として扱い子どもの意見も聞こうじゃないかということになったわけです。「市民」とはコミュニティの理想を実現する主体であり，社会の問題を論じる者です。そのためには子どもの言論等の自由が保障される必要があります。その結果，従来の「保護される存在としての子ども」から「権利の主体としての子

115

第Ⅲ部　教育の環境と現状

ども」という新しい子ども観に基づいた条約になりました。

　表10-1の子どもの権利条約第12条の「子どもの意見の尊重（意見を表明し参加できること）」は新しい子ども観を反映した条文の代表的なものです。このような子どもの自由権についての条文は他に第13条「表現の自由」，第14条「思想・良心・宗教の自由」，第15条「結社・集会の自由」，第16条「プライバシー，名誉は守られる」があります。

2　子どもの意見表明権

　このように，新しい子ども観に基づいた子どもの意見表明権に代表される子どもの自由権に対して，日本国内では子どもの権利条約が国連で批准された当初「子どもがわがままになるのではないか」といった戸惑いもみられたようです。しかしながら，子どもに意見表明権があるということは，子どもの言いなりになるということではありません。

　子どもの権利条約第12条には「子どもは，自分に関係のあることについて自由に自分の意見を表す権利をもっています。その意見は子どもの発達に応じてじゅうぶんに考慮されなければなりません。」とあります。つまり，子どもは自分の意見を言う権利があり，大人は子どもの意見を大事にしなくてはならないということです。では，子どもの意見を大事にするとはどのようなことでしょうか。それは子どもの意見にしっかり耳を傾け，子どもの最善の利益を考慮して判断するということです。子どもの意見が子どもの最善の利益にかなっていればその意見はすぐに聞き入れられるでしょうが，そうでない場合はその気持ちに共感をしつつもそれがあなた自身のためにならないのだと丁寧に説明したり，もっと良い方法などを一緒に考えたりするということです。

　また，子どもの意見を聞く例として教育学者の汐見稔幸[6]らは小学校で教室の座席を教師が一方的に決めるのではなく子どもたちに話し合って決めてもらったり，幼児と運動会の種目を相談したり，赤ちゃんのおむつを替えるときも，「びしょびしょになったからおむつを替えたいんだけど，替えていい？」と子どもに聞いてから替えたりすることなどをあげています。このように日常で子どもが意見を表明するシチュエーションはいたるところにあります。子どもが意見を表明する意味について臨床心理士でCRC日本の機関紙『子どもの権利モニター』編集長の木附千晶ら（2016年）[7]は次のように述べています。

　「意見を表明する」権利とは，身近な人に「ねぇねぇ」と呼びかけて，自分に顔を向けてもらう，"力"，言い換えると，子どもが自分の

---

(6)　汐見稔幸・新保庄三・野澤祥子『子どもの「じんけん」まるわかり』ぎょうせい，2021年，pp. 27-28, pp. 116-117。

(7)　CRC日本（子どもの権利条約日本）
子どもの権利条約の実践を目的とするNGO。

第10章　子どもの権利と教育・保育

力で人間関係をつくり，無視されずに一人の人間として尊重され，"一人前のおとな"になるために必要な"心のエネルギー"をはぐくみ，自分の子ども期に参加しながら大きくなるための"力"そのものなのです。だから，これこそ，子どもの権利の中で最も大切な「子どもの権利」なのです。[8]

このように，子どもの意見表明権は「受容的な応答関係を形成する権利」を保障しているのです。社会的存在としての子どもが育つうえで受容的な応答関係は欠かせないものであり，したがって子どもの意見表明権は最も大切な子どもの権利であり，基本的権利の中核といえます。汐見らは「受容的応答関係を形成する」ことが子どもにとってどんなに大切かを次のように述べています。

　　つまりこれは，どんなときでも子どもの意見を徹底して聞くという原理なのです。（中略）徹底してそうやっていくと，子どもは自分が大事にされているという深い自己肯定感をもちますし，誰もが自分の気持ちを言語化することが好きになっていきます，これは日本の教育がうまく取り組めていないところで，実は民主主義の基本になります。[9]

このように子どもが自分の意見述べ，それを大人が丁寧に聞くことは子どもの自己肯定感を育むことや，自分の意見を聞いてくれる経験を積み重ねることで民主主義を支える「市民」の育成にも繋がるのです。こうして考えると子どもが意見を表明するということは特別に難しいことではなく，人間としてごく当たり前の権利であり，だからこそとても大事なものだということが分かるのではないでしょうか。

3　子どもの最善の利益

　子どもの権利条約の第3条は「子どもの最善の利益（子どもにとって最もよいこと）」について書かれています。そこには「子どもに関することが決められ，行われる時は，『その子どもにとって最もよいことは何か』を第一に考えます。」と書かれています。子どもの最善の利益は英語で"best interests"ですが，教育学者の堀尾輝久は「interestを『利益』という前に，『興味関心』という意味で理解することが必要です。」と述べています。[10] それは大人が一方的に子どもに最善と思われることを押し付けるのではなく，子どもの必要や要求に耳を傾け受け止めること，「受容的・応答的関係性の中で子どもの権利を捉え直していく姿勢」が

[8]　木附千晶・福田雅章『子どもの力を伸ばす子どもの権利条約ハンドブック』自由国民社，2016年，p. 13。

[9]　前掲(3)，pp. 28-29。

[10]　堀尾輝久「子どもの権利と平和への権利」『子ども白書2019』かもがわ出版，2019年，p. 54。

第Ⅲ部　教育の環境と現状

大事であり，子どもの最善の利益とは「非常に関係的」であると述べています。前項の「子どもの意見表明権」でも述べたように，子どもの意見を大事にしながらも子どもの発達に応じて子どもに寄り添い共感しながら最善の選択肢を共に考え探す姿勢が子どもの最善の利益につながるのではないでしょうか。

3　子どもの権利と教育・保育における課題

1　子どもの権利を尊重した小学校以降の教育

　教育現場において子どもの権利条約は守られているのでしょうか。

　例えば第28条の「教育を受ける権利」ですが，近年増加の一途をたどる不登校問題をどのようにとらえるかということを例にこれを考えてみましょう。文部科学省が実施している「児童生徒の問題行動等調査」[11]でコロナ禍前の2019年には小・中学校での（病気や経済的理由以外の）不登校児童・生徒数は約18万人で全児童・生徒の1.9%を占め，その内10万人（全児童・生徒の1.0%）は90日以上の欠席者が占めています。不登校の理由は様々でしょうが，一方で児童・生徒の教育を受ける権利をどのように保障するのかということを考えねばなりません。

　2016年に「教育機会確保法」が成立し，学校外での普通教育もありうるとされました。学校に行きたくても何らかの理由により行けない子どもはフリースクール等に行けば出席日数にカウントされるようになり学校以外の学びの場が正式に認められるようになりました。しかしながらフリースクールは有料であることから金銭的な問題で通えない子どもがいたり数が少なかったりと，学校外での学びの場をより一層整える課題が残っています。

　次に子どもの権利条約第12条の「意見を表す権利」については，昨今話題になることの多い校則問題で考えてみましょう。この校則問題で象徴される管理教育は「意見を表す権利」の対極に位置するものでしょう。これは校則の程度がゆるくなれば良いという問題ではありません。学校内で児童・生徒が学内の自治を積極的に行っているか，そしてそれが促進されるような学校内の文化や教師の普段の関わりがあるのかということが大事なのです。

2　子どもの権利を尊重した保育

　子どもの自由権の尊重は保育においては子どもの主体性の尊重と非常に親和性の高い言葉だと言えるでしょう。また，先に見たようにそれが

⑾　文部科学省初等中等教育局児童生徒課「令和元年度　児童生徒の問題行動・不登校等生徒指導上の諸課題に関する調査結果について」2020年，p. 68。

第10章　子どもの権利と教育・保育

子どもの思いに寄り添う関係性としての子どもの最善の利益は，保育で
いうところの応答的な関わりと言えるのではないでしょうか。つまり子
どもの権利条約の概念は保育の中で既に浸透しているものだと言えるで
しょう。しかしながら子どもの権利を頭では理解しているということと，
これらを実践の中で正しく扱えるかということは異なります。全国保育
士会が作成した「保育所・認定こども園等における人権擁護のためのセ
ルフチェックリスト──『子どもを尊重する保育』のために」は登園から
降園までの１日の場面ごとに「『良くない』と考えられるかかわり」と
「よいかかわりへのポイント」が具体的に書かれており，子どもを尊重
した保育を具体的に知ることが出来ます。実習先で自分自身の保育を反
省する視点として活用することも出来るでしょう。

⑫　全国保育士会「保育
所・認定こども園等におけ
る人権擁護のためのセルフ
チェックリスト──『子ど
もを尊重する保育』のため
に」https://www.z-hoiku
shikai.com/about/siryobox/
book/checklist.pdf（2025
年1月6日閲覧）。

3　小学生と考える子どもの権利

本章では，子どもの権利条約とそれを尊重した教育・保育について学
んできました。子どもの権利については大人が理解するだけでなく権利
の行使者である子ども自身が子どもの権利を知ることはとても大事なこ
とでしょう。

例えばユニセフは小学生以上を対象にした『子どもの権利条約カード
ブック　みんなで学ぼうわたしたちぼくたちの権利』を作成しています。
子どもの権利条約の第1条から第40条までの条文が各1枚ずつ40枚の
カードになり，各条文を表現したイラストと共に子どもにも分かりやす
い簡潔な文でまとめられ，裏面には条文の全文が掲載されているもので
す。また，「カードブックを活用してみよう！」のページにはカードの
活用方法が紹介されています。以下その活用方法の一つを引用紹介しま
す。

⑬　日本ユニセフ協会「子
どもの権利条約カードブッ
ク」https://www.unicef.
or.jp/kodomo/nani/siryo/
pdf/cardbook.pdf（2025年
1月6日閲覧）。

「子どもの権利がない世界」
1．第1～40条までのカードを一通り読んでみよう。
2．もしそのどれかが，突然なくなってしまったら，どんなことが起
　きるか想像して話し合ってみよう。例えば，「教育を受ける権利」
　が失われたら，「プライバシー・名誉を守られる権利」が失われ
　たら…？

子どもの権利がない世界を想定し，クラスメイトと考えたことを話し
合うことで，現実の世界と子どもの権利が失われた世界の大きな隔たり
を感じ，その大事さが実感できるのではないでしょうか。

第Ⅲ部　教育の環境と現状

参考文献

日本ユニセフ協会『子どもの権利条約』https://www.unicef.or.jp/crc/childfriendly-text/（2024年2月11日閲覧）。

山縣文治「子ども家庭福祉と子ども中心主義——政策視点と支援視点からみた子ども」日本子ども社会学会編『子ども社会研究』21，2015年。

山縣文治「子ども家庭福祉学における〈子ども〉理解の動向」日本子ども社会学会編『子ども社会研究』28，2022年。

◆◆**保育・教育現場に生かすために**◆◆

　人間は誰でも幸せになる権利を持っており，その権利を「人権」と言います。「人権」という概念は人類の財産です。これを大切に守り育て後世に伝えていかなくてはなりません。そして，そのことに保育・教育の現場が果たす役割はとても大きいのではないでしょうか。

　自分自身の「人権」を大切にすると同時に他の人の「人権」も大事にしようとするきっかけの一つに，園や学校で出会う先生や仲間の存在があるのではないでしょうか。

【Work 10】

　本章を読んで，以下の問いに答えましょう。

1　子ども役と保育者・教師役になってロールプレイングをしてみましょう。

　二人一組になり，一人は5歳児役（もしくは小学6年生役）に，もう一人は保育者役（もしくは教師役）になってください。子ども役の人は園・学校の運動会でやってみたい種目について保育者・教師役の人に伝えてください。保育者・教師役の人は子どもの最善の利益を考慮しながらそれに丁寧に応答してみましょう。終わったら感じたことを互いに伝えあいましょう。

2　子どもの最善の利益を考慮する上で大切なことはどのようなことでしょうか。書き出してみましょう。

第11章
社会教育と生涯学習

　本章では，生涯学習（あるいは生涯教育）の概念や理念について理解することを通して，「教育」や「学習（学び）」という言葉を学校教育の文脈にとどまらせず，社会教育や成人学習（成人教育）という視点から，広くとらえなおしてみることを目指します。また，近年および今日の生涯学習論においてどのようなことが議論され問題提起されているのかを概観します。本章の学びを通して，皆さん自身が，将来「保育者・教師」として，また地域住民・市民として，皆さん自身に求められる生涯を通した学びとは何かを探求する機会になればと思います。

＊＊学びのポイント＊＊
①生涯学習（生涯教育）論の経緯について知る。
②日本における社会教育・生涯学習の現状や今後の課題について理解する。
③成人学習論の特性について理解する。

1　生涯学習（生涯教育）論の経緯

1　ラングランの生涯教育論

　生涯学習という言葉はどこかで聞いたことがあるのではないでしょうか。日常において，人間はいくつになっても学ぶことが必要だ，人生は一生勉強が大事，などということは昔から言われてきたと思われます。しかし今日，生涯学習（当初は生涯教育）という言葉が意味していることは，そのような一般的な事がらとは異なり，近現代におけるある意味深刻な社会状況から必要視され生じてきた考え方であると言えます。

　生涯学習は当初，生涯教育という言葉で議論されてきました。特に，1965年にパリで行われたユネスコの第3回成人教育推進国際委員会において，当時ユネスコ教育局継続教育部長であったポール・ラングラン（Paul Lengrand）が「生涯教育（永続教育）：エデュカシオン・ペルマナント（e'ducation permanente）」という概念を提唱しました。このとき，日本からこの委員会に参加した心理学者の波多野完治が，この委員会で提出されたラングランのワーキングペーパーを『社会教育の新しい方向』（ユネスコ，1967）として翻訳し，「生涯教育」という用語が，日本国内に導入されました。ラングランの生涯教育論における中心的な主張は，「伝統的な学校教育制度に対する激しい批判と根本的な改革」にありました。ラングランは当時，人口の増大，科学的知識や技術の進歩，経済的，政治的変化，情報技術の発達，余暇活動の増大，市民社会への構造的転換など社会全体に生じる急激な変化に，学校教育が対応しきれ

(1)　ユネスコ（国際連合教育科学文化機関, United Nations Educational, Scientific and Cultural Organization U.N.E.S.C.O.）
国際連合の専門機関として1946年に設立。国民の教育，科学，文化の協力と交流を通じて，国際平和と人類の福祉の促進を目的とする。

(2)　ポール・ラングラン（Paul Lengrand 1910-2003）
フランスの成人教育の理論家であり実践家。ユネスコの職員として生涯教育の理論構築に貢献した。

(3)　日本ユネスコ国内委員会『社会教育の新しい方向』1967年。

(4)　三輪健二『生涯学習の理論と実践』放送大学教育振興会，2010年，p. 13。

(5) 前掲(3), p.75。

(6) 前掲(4), p.13。

(7) ポール・ラングラン，波多野完治訳『再版　生涯教育入門第一部』全日本社会教育連合会，1990年，p.58。

(8) ユネスコ教育開発国際委員会，国立教育研究所内「フォール報告書検討委員会」（代表平塚益徳）訳『未来の学習（Learning to be)』第一法規出版，1975年，p.186。

(9) 同前，p.2。

(10) 前掲(8)，p.208。

(11) **学習社会（Learning Society)**
シカゴ大学総長であったロバート・メイナード・ハッチンス（Robert Maynard Hutchins）が1968年に提唱した概念。「すべての成人男女に，いつでも定時制の成人教育を提供するだけでなく，学ぶこと，何かを成し遂げること，人間的になることを目的とし，あらゆる制度がその目的の実現を志向するように価値の転換に成功した社会」と定義される。

(12) 第4章2 **1** ，第12章1 **1** も参照。

(13) **リカレント教育（recurrent education)**
リカレントとは回帰・還流・循環の意。個人の一生を通して教育の機会を循環的な方法で配分するという教育システム。

ていないことを問題視しました。彼は「教育は，児童期・青年期で停止するものではない，それは，人間が生きている限り続けられるべきものである」と言い，社会の急激な変化に対応するためには，「学校教育の抜本的な改革と生涯にわたる教育システムの構築」が必要であると主張しました。また彼は，この社会の急激な変化によって人間の生活モデルや人間関係が危機にさらされていること，伝統的な学校教育制度が人々を選別し，成績によって新たな特権を生み出す一方で，人間の調和的な発達を疎外していることを指摘し，生涯教育によって「人間の人格の統一的全体的かつ継続的な発達」が目指されるべきだと言いました。

ラングランが提唱した生涯教育という概念は国際的な機関であるユネスコで取り上げられたこともあって，その後諸外国において生涯教育についての議論が広まっていきました。

2　フォール報告書

1972年，ユネスコの教育開発国際委員会は「フォール報告書」と呼ばれる『未来の学習（Learning to be)』を刊行しました。この報告書では，特に，現代社会の生活によって人間個人は分裂，緊張，軋轢にさらされており，それゆえ「人間の身体的，知的，情緒的，倫理的統合による『完全な人間』の形成」を目指すことが教育の基本的目標であると示しました。そしてこの「完全な人間」を創造するには，「全生涯を通じて，絶えず進展する知識の実体を構築する方法を学ぶ──『生きることを学ぶ Learning to be』べき」だと主張しました。また，「すべての人は生涯を通じて学習を続けることが可能でなければならない」とし，そのような生涯教育が実現する社会を「学習社会（Learning Society)」というある意味ユートピア的なビジョンによって示そうとしました。

この報告書においては「生涯学習」という言葉は用いられておりませんでしたが，学習者の主体性を重視した視点が示されたものと言えます。

3　生涯学習論の多様な展開

フォール報告書以降も生涯教育論は多様な展開をしていきます。ユネスコとは異なった国際組織であるOECDのCERI（教育研究革新センター）は1973年，「リカレント教育」という概念を発表しました。OECDは，人生の20代前半までを教育期とし，その後を労働期，余暇期とする「フロントエンド型」の教育システムを批判し，義務教育もしくは基礎教育を修了した人が，生涯にわたって回帰的な方法によって教育を受けることができる「リカレント教育」を提唱しました。

また，ラングランの後継者としてユネスコ本部生涯教育部門の責任者を務めたエットーレ・ジェルピ（it: Ettore Gelpi）は，教育における社会変革の機能を重視しました。1960年代に登場したそれまでの生涯教育論が，現代社会が直面する課題へいかに適応するかといった立場であったことに対して，ジェルピは，抑圧で苦しむ人々を解放し社会そのものを変革する立場から生涯教育をとらえなおそうとしました。このようなジェルピの主張は1985年のユネスコ第4回国際成人教育会議で採択された「学習権宣言」[14]にも反映されています。[15]

1990年代に入ると情報化とグローバル化が急速に進み，社会における中心的な価値はモノの生産から知識や情報の活用へと移る，いわゆる「知識基盤社会」が到来しました。OECDは，「単なる知識や技能だけではなく，技能や態度を含む様々な心理的・社会的なリソースを活用して，特定の文脈の中で複雑な課題に対応することができる力」を，「主要能力（キーコンピテンシー）[16]」と定義し，子ども及び成人それぞれにおいて必要とする新たな能力観を示しました。

1996年にユネスコ21世紀教育国際委員会は，「ドロール報告書」と呼ばれる『学習：秘められた宝（*Learning the treasure within*)』を刊行しました。この報告書は，21世紀の主要な教育問題を広く展望しつつ，生涯学習を枢要な鍵概念として設定し，学習の四本柱として，「知ることを学ぶ（Learning to know）」「為すことを学ぶ（Learning to do）」「（他者と）共に生きることを学ぶ（Learning to live together）」，そして先の『未来の学習』の思想を引き継いだとされる「人間として生きることを学ぶ（Learning to be）」を示しました。この報告書では，「知識や能力さらには批判力や行動力を含む人間存在のすべてを形成する不断の過程[18]」として生涯学習をとらえようとしています。[17]

4　強調される成人学習及び成人教育

2009年，ユネスコ第6回国際成人教育会議がブラジルのベレンで開催されました。この会議において，世界的な問題や教育上の問題の対応においては生涯学習が重大な役割を果たすこと，そして生涯学習においては特に，成人教育[19]が重要であることが示されました。さらに2015年，第38回ユネスコ総会においても，「成人学習及び成人教育に関する勧告」が採択されました。この勧告では，成人学習及び成人教育が「全ての成人が社会及び労働の世界へ参加することを確保することを目的とするあらゆる形態の教育及び学習」であり，生涯学習の中核的な構成要素であることが示されました。

---

(14)　**学習権**
（Light to learning）
この宣言で示された学習権とは，読み書きを学ぶ権利，質問し分析する権利，想像し，創造する権利，自分自身の世界を読み取り，歴史を書く権利，教育の機会に接する権利，個人的・集団的技術をのばす権利，とされる。

(15)　飯田優美「生涯教育・学習論の登場と学習社会」前平泰志監修，渡邊洋子編著『生涯学習概論——知識基盤社会で学ぶ・学びを支える』ミネルヴァ書房，2014年，p. 19。

(16)　中央教育審議会答申「新しい時代を切り拓く生涯学習の振興方策について——知の循環型社会の構築を目指して」2008年。

(17)　天城勲監訳『学習：秘められた宝——ユネスコ「21世紀教育国際委員会」報告書』ぎょうせい，1997年，pp. 66-75。

(18)　同前，p. 12。

(19)　**成人教育**（adult education）
成人に対して行う教育のこと。なお，成人教育学（アンドラゴジー），成人学習論については，第11章3を参照。

第Ⅲ部　教育の環境と現状

　また，2022年にモロッコのマラケシュで開催されたユネスコ第7回国際成人教育会議においても，成人学習及び成人教育の重要性を示しつつ，2015年に国連総会で採択された「持続可能な開発のための2030アジェンダ」によって示された持続可能な17の開発目標（SDGs）のすべての達成には生涯学習が不可欠であること，またCOVID-19の世界的な流行によってもたらされた深刻な不平等や気候危機など人類が直面する課題への取り組みは生涯学習が鍵となると述べています。

　このように生涯学習に関する議論は多様な展開がなされ今日に至っています。

2　社会教育と国内の生涯学習政策

1　社会教育とは何か

　生涯学習（生涯教育）という言葉が広がる以前，日本では学校教育以外の教育や広く成人教育に対応する領域を示す際に，社会教育という言葉が用いられていました。社会教育は第二次世界大戦以前は通俗教育と呼ばれていた時代もあり，主に，国民の強化や統制の装置として機能していたと言えます。しかし戦後，国内では教育の民主化がはかられるようになり社会教育もその役割を変化させていきました。

　1949年に制定された社会教育法第2条に，社会教育とは「学校の教育課程として行われる教育活動を除き，主として青少年及び成人に対して行われる組織的な教育活動をいう」と定義されています。また同法第3条には，国及び地方公共団体が，社会教育の奨励に必要な施設の設置及び運営等を行うことが求められており，社会教育行政によって組織される公民館，博物館，図書館，青少年教育施設，女性教育施設といった社会教育施設によってその教育活動がなされてきました。

　特に公民館は戦後の社会教育を担った中心的な施設であると言えます。公民館は社会教育法第20条に「市町村その他一定区域内の住民のために，実際生活に即する教育，学術及び文化に関する各種の事業を行い，もつて住民の教養の向上，健康の増進，情操の純化を図り，生活文化の振興，社会福祉の増進に寄与することを目的とする」と定められており，全国に1万3,632か所（2018年社会教育調査）あります。現在でも公民館は独自に主催する学級や講座やイベントの実施，また地域の団体やグループの多様な学習活動の場の提供など，地域の学習拠点として運営，運用されています。

　また教育基本法第12条においても社会教育が「個人の要望や社会の要

第11章　社会教育と生涯学習

請にこたえ，社会において行われる教育は，国及び地方公共団体によっ
て奨励されなければならない」と記されています。このように行政の取
り組みによってなされるフォーマルな教育活動の実態を狭義の社会教育
ととらえることができるでしょう。しかしながら，NPOやボランティ
ア団体等各種社会団体・組織が主催し展開する教育活動，あるいはカル
チャーセンターや習い事といわれる各種の教室や私塾で行われる教育活
動等の様々な民間団体・組織が実施するノンフォーマルな教育活動も広
く社会教育としてとらえる考え方もあります。その場合，社会教育とい
う言葉は，教育活動一般が，学校教育だけに限らず，社会の中で多様に
なされていることを示す概念であるとも言えます。

(20) ノンフォーマル
この場合のノンフォーマル
とは，制度化された枠組み
の外という意。学校教育等
制度化された枠組み以外の
組織的な教育をノンフォー
マル教育と呼ぶ。

2　国内の生涯学習政策

　このように，国内では学校教育以外の教育活動に関しては社会教育と
いう言葉が用いられていましたが，前節にみられるように，生涯学習
（生涯教育）という考え方が入ってくることで，社会教育は生涯学習（生
涯教育）との関連で議論されることになりました。

　1971年の社会教育審議会答申「急激な社会の変化に対処する社会教育
のあり方について」においては，初めて生涯教育という言葉が答申内で
用いられ，そこでは，生涯教育の観点から，家庭教育・学校教育・社会
教育の三者を有機的に統合することの必要性が論じられました。

　また1981年の中央教育審議会答申「生涯教育について」では，今後の
日本の教育が生涯教育の考えに基づいた学習社会を目指すべきであると
示されました。また「各人が自発的意思に基づいて生涯を通じて行う学
習」を生涯学習とし，生涯教育とはその生涯学習を援助，促進する基本
的な理念であることが示されました。

　さらに，1985から1987年にかけて出された臨時教育審議会の四つの答
申においては，学歴社会の弊害をはじめとする教育問題への対処に取り
組むこと，学習塾をはじめとする様々な民間教育産業の在り方の検討や
その活用を指摘する中で，学校教育中心の制度からの脱却を目指し，
「生涯学習体系への移行」といった教育体系を総合的に再編成する方向
性が示されました。このような時期を境に，当初ユネスコから導入され
た「生涯教育」という思想とその言葉は，日本の教育事情の文脈の中で
読み替えられた「生涯学習」という言葉に置き換わっていきました。

　1990年に中央教育審議会答申「生涯学習の基盤整備について」が出さ
れました。また同年「生涯学習の振興のための施策の推進体制等の整備
に関する法律（生涯学習振興法）」が制定され，主に生涯学習の振興のた

125

第Ⅲ部　教育の環境と現状

めの都道府県の事業などが規定されました。1992年に生涯学習審議会の最初の答申となる「今後の社会の動向に対応した生涯学習の振興方策について」が出されました。この答申では，国民の平均余命の増加，社会の複雑化・成熟化といった背景の中，豊かで充実した人生を送るためには，人々は「学校教育修了後も引き続き，絶えず新たな知識・技術を習得していく必要性」があること，すなわち生涯学習への取り組みが不可欠であることを示したうえで，①社会人を対象としたリカレント教育の推進，②ボランティア活動の支援・推進，③青少年の学外活動の充実，④現代的課題に関する学習機会の充実の四つについて検討されました。また「生涯学習は，いつでも，どこでも，誰でも自由に取り組めるものであり，組織的な学習活動だけでなく，スポーツ活動，文化活動，趣味，レクリエーション活動，ボランティア活動など，幅広い活動の中でも行われるもの」と，生涯学習を個人の日常的経験における自発性に基づいた学習にまで拡大してとらえようとしたことが特徴として挙げられます。この答申以降も様々な答申が出され，生涯学習の取り組みと検討に関する議論が国によって示されていきました。

　2006年には，教育基本法が全面的に改訂され，その第3条に生涯学習の理念が追加され規定されました。

3　知の循環型社会を目指す生涯学習

　2008年に中央教育審議会答申「新しい時代を切り拓く生涯学習の振興方策について――知の循環型社会の構築を目指して」がまとめられました。ここでは，先の節で示した「知識基盤社会」や「持続可能な社会」，また環境問題から示された「循環型社会」といった国際的に提起されている社会モデルを受けて，真の生涯学習社会の実現のためには，各個人が学習したことにより得られる様々な経験や知識等の「知」が社会の中で「循環」し，それがさらなる「創造」を生み出すことにより社会全体が発展していく持続可能なシステムが社会の中に構築される必要があると主張されました。そして，各個人が学習した成果を，地域社会で活用し還元することで，社会全体の持続的な教育力の向上に貢献する「知の循環型社会」の構築を目指す生涯学習モデルが示されました。この学習モデルの中で，各個人の自発的意思に基づいた学習と社会から要請される地域課題への学習をなすことで，子どもにおいては，変化の激しい社会を担うための「生きる力」を，また，成人においては，「人間力」や「社会人基礎力」といった言葉に示されるように，「社会の変化に対応し各個人が自立した一人の人間として力強く生きていくための総合的な

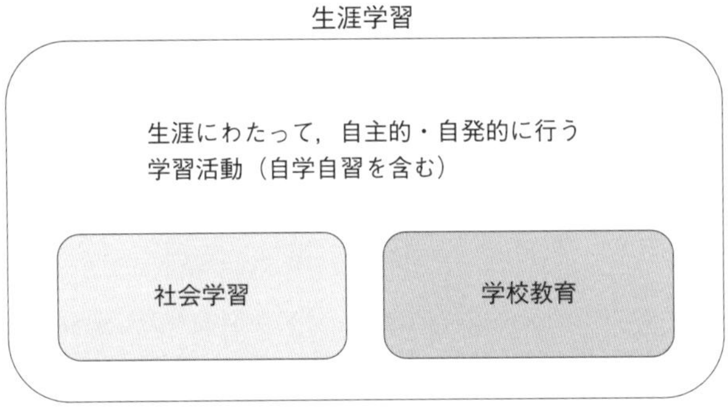

第11章　社会教育と生涯学習

生涯学習

生涯にわたって，自主的・自発的に行う
学習活動（自学自習を含む）

社会学習　　　　学校教育

図 11 - 1　生涯学習と社会教育・学校教育の関係

出所：中央教育審議会「新しい時代を切り拓く生涯学習の振興方策に
　　　ついて——知の循環型社会の構築を目指して（答申）」2008年を
　　　もとに筆者作成。

力」を身に付けていくことが求められました。

　なお，この答申では，生涯学習という言葉が示す範囲は非常に広範で
あいまいであるという批判に応じるため，生涯学習を，自学自習のよう
な組織的でない学習及び社会教育や学校教育において行われる多様な学
習活動を含め，各個人がその生涯にわたって自主的・自発的に行うこと
を基本とした学習活動と定義し，生涯学習と社会教育及び学校教育の関
係が示されました（図 11 - 1 ）。

**4　地域づくり・地域課題解決のための生涯学習・社会教育，そし
　　て今後の課題**

　2018年に中央教育審議会答申「人口減少時代の新しい地域づくりに向
けた社会教育の振興方策について」が出されました。この答申では，社
会教育が生涯学習社会実現に向けての中核的な役割を担うことが示され，
社会教育において，各個人の「学びと活動の循環」によって，地域を活
性化し，住民が主体的に課題を発見し共有し解決していく持続的な「地
域づくり」が目指されるものと示されました。さらに住民の主体的な参
加のきっかけづくりや，首長・NPO・大学・企業等との幅広い連携や
協働等といったネットワーク型行政の実質化の取り組み等，新たな社会
教育の在り方を示しました（図 11 - 2 ）。

　また，2020年に文部科学省は，従来の社会教育主事[21]の講習等の規定を
一部改正し，「社会教育士」という専門職を設け新たな制度を創設しま
した。「社会教育士」は社会教育施設や教育委員会事務局だけでなく，
地方公共団体の各部局や，NPO，企業，学校，地域活動やボランティ
ア活動などにおいて，豊かな地域づくりへの展開を支援する専門人材と
しての活躍が期待されています。

[21]　**社会教育主事**
都道府県及び市町村の教育
委員会の事務局に置かれる
専門的職員で社会教育を行
う者に対する専門的技術的
な助言・指導に当たる役割
を担う。

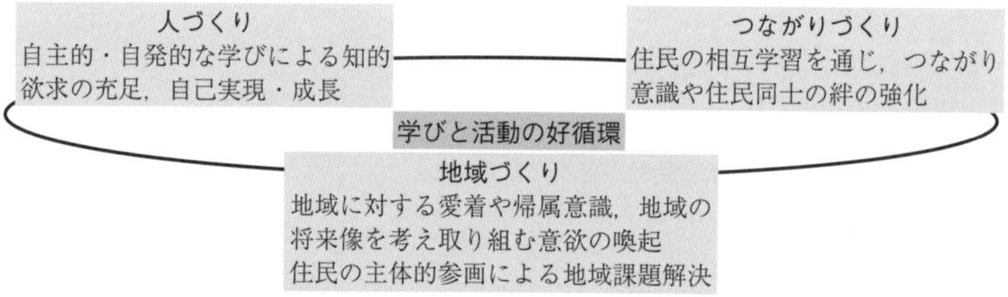

第Ⅲ部　教育の環境と現状

```
       人づくり                          つながりづくり
自主的・自発的な学びによる知的        住民の相互学習を通じ，つながり
欲求の充足，自己実現・成長           意識や住民同士の絆の強化

              学びと活動の好循環
              地域づくり
       地域に対する愛着や帰属意識，地域の
       将来像を考え取り組む意欲の喚起
       住民の主体的参画による地域課題解決
```

図11-2　社会教育：個人の成長と地域社会の発展の双方に重要な意義と役割

出所：中央教育審議会「人口減少時代の新しい地域づくりに向けた社会教育の振興方策について（答申）概要」2018年をもとに筆者作成。

　このように，日本の生涯学習は，従来日本独自に展開してきた社会教育を中核として議論され，実践されてきていると言えます。しかしながら，このような議論の展開の反面，近年社会教育施設や生涯学習に関する施設が減少傾向にあること，当該施設での職員数が縮小されていることが課題となっています。また，ユネスコをはじめとする従来の生涯教育および生涯学習の国際的な考え方に比べて，日本の生涯学習は，成人教育を推進するトーンが相対的に低いこと，学歴社会等に見られる教育格差や生活の不平等に対する議論及び学習者の学ぶ権利に対する議論が不十分な傾向にあることが課題であると言えます。

　しかしながら，2020年の第10期中央教育審議会生涯学習分科会における議論の整理では，特に誰一人として取り残されることなく生きがいを感じることのできる包摂的な社会を目指す「社会的包摂」に言及しています。また，2022年の第11期中央教育審議会生涯学習分科会における議論の整理では，公民館をはじめとする社会教育施設の機能強化や社会教育主事，社会教育士等の社会教育人材の養成と活躍機会の拡充について言及されてきており，さらに今後の議論と実践が望まれるところです。

　このように，いくつかの課題を抱えつつも，生涯学習の発展的な実践への取り組みは，この現代社会において，人々が豊かにかつ安全に暮らし続けていくためには不可欠であると言えるでしょう。

3　成人学習論と専門職としての保育者・教師の成長

1　成人教育とアンドラゴジー

　次に生涯学習や社会教育と非常に関連の深い成人教育もしくは成人学習について，考えていきましょう。ここでいう成人とは，子どもや青年に対する，大人（一般には高齢者を含む）を指し，成人教育とは，先に示したように，広義には成人に対して行う教育一般のことを指します[22]。近

(22)　前掲(19)参照。

表11-1　ペダゴジーモデルとアンドラゴジーモデルの比較

要素	ペダゴジー	アンドラゴジー
学習者の概念	依存的なパーソナリティ	自己決定性の増大
学習者の経験役割	学習資源として活用されるよりは，むしろその上に積み上げられるもの	自己および他者による学習にとっての豊かな学習資源
学習へのレディネス	年齢段階——カリキュラムによって画一的	生活上の課題や問題から芽生えるもの
学習への方向づけ	教科中心的	課題・問題中心的

出所：マルカム・ノールズ，堀薫夫・三輪健二監訳『成人教育の現代的実践——ペダゴジーからアンドラゴジーへ』鳳書房，2002年，p.513をもとに筆者作成。

年のユネスコの議論においては，成人学習（及び成人教育）は生涯学習[23]の中核と位置づけられて重視されています。

　このような成人教育は，子どもを対象とした教育とは異なった，独自の特徴を有するという考えがあります。アメリカの成人教育学者マルカム・ノールズ（Malcom Knowles）は，自身の成人教育実践や青少年教育実践から，成人は子どもは異なった，成人特有の教育・学習の在り方があると主張しました。そして「子どもを教える技術と科学」をペダゴジー（pedagogy）と呼ぶことに対して，「成人の学習を援助する技術と科学」をアンドラゴジー（andragogy）[24]と呼び定義しました[25]。ノールズは，成人学習者の特性として，①学習者の自己概念は依存的なパーソナリティから自己決定性が増大していくこと，②人生上の経験が豊かな学習資源になっていくこと，③学習のレディネス（準備状態）はますます社会的役割の発達課題に向けられていくこと，④学習への方向づけは，教科中心的なものから課題達成中心的なものへと変化してくことを示しました。表11-1はペダゴジーとアンドラゴジーの考え方を比較したものです。

　ノールズのアンドラゴジーは，成人の学習を具体的に援助する方法や技術について明らかにする助けとなりました。またこのノールズの提案から，その後多様な成人学習論が展開していきます。

2　成人学習論と省察的実践

　このような成人学習論の展開・発展は，成人学習の実践がより社会に認知され広まることを促すものと思われます。また成人学習の実践結果や地域の活動において計画され実践されたその結果を，そのままで終わらせず，その実践結果や実践経験をとらえなおし，評価，検証，意味づけを行い，次に取り組む学習活動や地域の活動にフィードバックすると

[23]　前節参照。

[24]　アンドラゴジー（andragogy）
広義には，成人継続教育の政策，制度及び実施過程全体を体系的に研究する学問のこと。狭義には，成人の学習を援助する技術の学問を指す。andragogyとは，成熟した成人男性を意味するギリシャ語のaner（andr～の語源）と，指導を意味するagogusの合成語。

[25]　マルカム・ノールズ，堀薫夫・三輪健二監訳『成人教育の現代的実践——ペダゴジーからアンドラゴジーへ』鳳書房，2002年，p.38。

第Ⅲ部　教育の環境と現状

(26)　前掲(4)，p. 62。

いった「省察的実践（reflective practice）[26]」という実践研究レベルの取り組みを，成人学習論は道開くものであると言えます。このように成人学習論の発展は成人学習の実践や地域の活動実践とそれらに対する実践的な研究活動を往還的に結び付けていく役目を持つものであり，そのような実践と研究の両輪が，生涯学習社会の実現をより具体化，現実化していく力になるのです。

◆◆保育・教育現場に生かすために◆◆

　皆さんは将来，専門職としての保育者・教師を目指しているかと思われますが，そのような専門職となる皆さんにとって，生涯学習を考えるうえでの三つの問い（あるいは論点）があると考えられます。第一には，皆さんが将来「教える人（もしくはケアする人）」という意味での保育者・教師として，生涯の学び手となる子どもをどう教え育てるかといった問いです。第二には，皆さん自身が地域で主体的に暮らす住民あるいは市民として，生涯にわたりどのような学習を進めていくのか，またどのような地域の活動や課題に取り組んでいくのかといった問いです。そして第三には，皆さん自身が保育者・教師という専門職もしくは職業人として，その専門性向上のために，継続した学習をどう続けていくのかといった問いです。第一においては，皆さんは教育者という立場であり，第二・第三においては，皆さんは学習者という立場です。皆さんには，生涯学習という地平において，このような三つの問いを常に意識しながら，教育者と学習者の二つの立場から，保育者・教師として学び生きていくことが求められているのです。

【Work 11】

　本章を読んで，以下の問いに答えましょう。

1　あなたはこれまで「どこで」「どのような」教育を受けてきましたか。家庭教育，学校教育，社会教育の3領域ごとに，特に印象に残っている経験，重要だと思われる経験について，各円の中に書いてみましょう。箇条書きでかまいません。

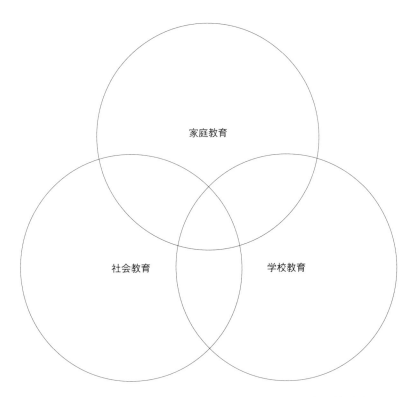

　書いてみて何か気づいたことなどがあれば書いてみましょう。また結果をグループで共有しましょう。

2　あなたが将来「保育者・教師」になったとき，どのような「保育者・教師」でありたいでしょうか。あるいはあなた自身は何を実現したいでしょうか。そして，そのためには，あなたの生涯においてどのような学びが必要でしょうか。書いてみましょう。
〈どのような「保育者・教師」でありたいか〉

第Ⅲ部　教育の環境と現状

〈何を実現したいのか〉

〈そのために，生涯でどのような学びが必要か〉

　それぞれの結果をグループで共有しましょう。

第IV部

新しい教育の展開

第12章
世界の教育・保育

　本章では，現在の世界の現在の教育・保育について学びます。21世紀に入り，技術の革新によって従来の国や地域といった物理的な垣根を超え，人，モノ，サービス，資本，情報の移動が加速化しています。社会が大きく変化するなかで，各国の教育・保育もそれに合わせて姿を変えています。世界の教育・保育を知ることは，日本の教育・保育を見つめ直すきっかけになるでしょう。

＊＊学びのポイント＊＊
①日本を含む世界7か国の教育制度を知ることで，教育の在り方が多様であることを知るとともに共通する仕組みを理解する。
②世界に共通する教育・保育の課題に「質の維持と向上」があることと，それを実現するための手だてとしてのOECD国際調査について理解する。

1　世界各国の教育・保育

　国によって自然環境や人々の生活，経済や社会の状況，歴史が異なります。そのなかで教育・保育は国ごとに特徴があります。

　ここではまず日本を含む7か国について，教育・保育の制度や特色を義務教育と就学前教育を中心に見ていきましょう。

1　日本

　教育制度は一般に学校教育の在り方を指します。大きく初等教育，中等教育，高等教育の三段階に分けられます。日本では初等教育段階は小学校の教育に相当し，中等教育段階は中学校と高等学校に相当します。そして高等教育段階は大学・短期大学・高等専門学校・専門学校が相当します。

　上記の教育の三段階の前の段階に就学前教育があります。子どもが義務教育を受け始める以前に受ける教育のことを指し，対象は出生直後から義務教育開始までです。日本では小学校入学前までにあたります。具体的には幼稚園や保育所，幼保連携型認定こども園などでの集団施設保育における教育にあたります。

　日本の就学前教育・保育施設は長く文部科学省が幼稚園を，厚生労働省が保育所を，内閣府が幼保連携型認定こども園を管轄していましたが，2023年4月のこども家庭庁発足により，原則幼稚園を除きこども家庭庁に一本化されました。

日本では2022年，5歳児の98％が何らかの就学前教育・保育機関に在籍しています。これはOECD平均の96％より高い水準です。[(1)]一方で日本では乳児の就学前教育・保育機関在籍割合は低いという特徴があります。2015年に3歳未満児で正規の就学前教育・保育機関に在籍する割合は23％であり，OECD平均31％を下回っていました。ただ2005年で16％，2010年は19％であったことから上昇傾向にあり，日本政府の諸施策に効果が見られたと分析されています。[(2)] OECDは，幼児教育および保育サービスを受けることは，母親の就業，子どもの発達の双方の点できわめて重要であると主張しています。[(3)]

図12-1は，日本の学校系統図です。この図は学校教育法に基づく学校を掲載しているため就学前教育機関として幼稚園と認定こども園が掲載されていますが，児童福祉施設である保育所においても教育は行われています。

学校の年間予定を学年暦と言います。学校の暦（カレンダー）という意味で学校暦と示される場合もあります。現行の学校教育法施行規則第59条では，「小学校の学年は，四月一日に始まり，翌年三月三十一日に終わる」と示されています。そのため，日本の学年暦（学校暦）は4月から翌年の3月になります。学年を区切る際には，4月2日生まれからが新学年となります。日本で4月が学年の開始となったのは明治時代の半ばです。[(4)]また，法令上，大学や専門学校は開始が4月でなくともよく，学長が定めることとされています。そのような教育・保育に関わる年度の考え方は，国ごとに異なります。

2　アメリカ

アメリカの教育・保育は基本的に各州が管轄しています。連邦政府には連邦教育省が置かれていますが，その役割は教育に関する調査や奨学金関連のことなどに限定されています。

学校暦は7月から翌年の6月までです。図12-2は，アメリカの学校系統図です。義務教育は州によりますが9年から13年まであり，10年とする州が多く，就学義務は6歳から16歳までがほとんどです。中等教育の修了時期は，ハイスクール卒業にあたる18歳です。

就学前教育は保育学校や幼稚園などで行われ，通常は3～5歳児を対象とします。小学校には入学前の1年間「就学前教育提供クラス」が付設されていることが一般的であり，多くの子どもが通い，そのまま第1学年に進級します。2013年の3～5歳児の就学前教育機関在籍率は71％でした。[(5)]

(1) OECD "Education at a Glance 2024 - Country notes: JAPAN" https:// gpseducation.oecd.org/ Country Profile?primaryCountry＝JPN&treshold＝10&topic＝EO（2024年12月1日閲覧）。

(2) OECD "Education Policy in Japan: Building Bridges towards 2030" https://doi.org/ 10.1787/ 978926430 2402-en（2024年8月31日閲覧）。

(3) OECD「図表でみる教育2018カントリーノート日本」https://www.oecd.org/ en/publications/education-at-a-glance-2021_b35a14e5-en.html（2024年8月31日閲覧）。

(4) 日本で明治時代に西洋の学校教育制度が導入された当初は，特に大学等の高等教育段階では，イギリスやドイツを手本として9月入学が主であった。高等教育以外の学校教育段階でも，9月を学年始期とすることが多かった。4月入学導入のきっかけは1886（明治19）年，日本の会計年度が「4月から翌年3月まで」になったことと，徴兵令が改正され，徴兵対象者の届出期日がそれまでの9月1日から4月1日になったことが挙げられた。その結果，明治中期から大正期にかけて，小学校・旧制中学校・師範学校などが4月入学，旧制高等学校・帝国大学が9月入学と，入学時期が二つに分かれていた。その後，1919（大正8）年に旧制高等学校が，1921（大正10）年に帝国大学が4月入学に移行し，これにより，我が国の学校は完全に4月入学となった。第二次世界大戦後も，1947（昭和22）年に

第Ⅳ部 新しい教育の展開

制定された学校教育法施行規則に基づき，初等中等教育については引き続き4月入学とされた。（竹内健太「9月入学導入の見送り——新型コロナウイルス感染症拡大を契機とした議論を振り返る」『立法と調査』426, 2020年, pp. 178-195。

(5) 文部科学省「世界の学校体系」2017年, https://www.mext.go.jp/b_menu/shuppan/sonota/index.htm（2024年8月31日閲覧）。

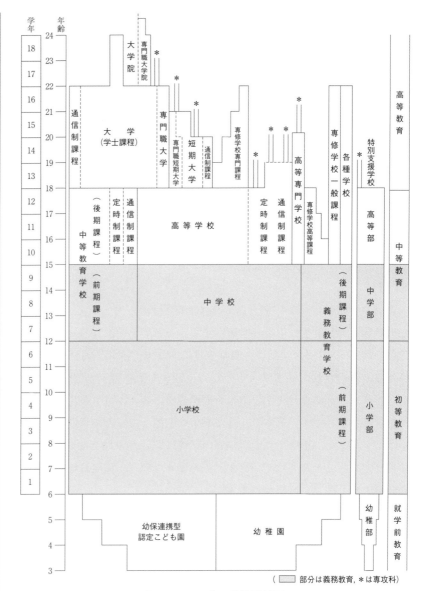

図12-1 日本の学校系統図

出所：文部科学省「諸外国の教育統計 令和6（2024）年版」https://www.mext.go.jp/b_menu/toukei/data/syogaikoku/1415074_00022.htm（2024年12月1日閲覧）をもとに筆者作成。

(6) 秋田喜代美・佐川早季子「保育の質に関する縦断研究の展望」『東京大学大学院教育学研究科紀要』51, 2012年, pp. 217-234。

　アメリカの就学前教育・保育は前述のように5歳児が充実していますが低年齢児では課題が多く，特に3歳未満児では全体的なデータが取りにくいと指摘されています。管轄は連邦政府としては，幼稚園と特別支援教育は教育省，就学前の乳幼児対象施設は保健福祉省となっていますが，州によって連携の在り方や義務，公立/私立の割合も異なります。

　合計12年ですが，その形態は6-3(2)-3(4)年制，8-4年制及び6-6年制，5-3-4年制，4-4-4年制など多様ですが5-3-4年制

第12章　世界の教育・保育

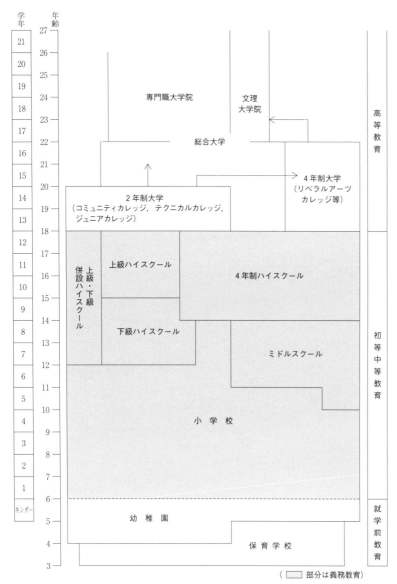

図12-2　アメリカの学校系統図

出所：文部科学省「諸外国の教育統計　令和6（2024）年版」https://www.mext.go.jp/b_menu/toukei/data/syogaikoku/1415074_00022.htm（2024年12月1日閲覧）をもとに筆者作成。

が一般的です。

3　イギリス（イングランド）

イギリスはイングランド，ウェールズ，スコットランド及び北アイルランドの4地域からなる連合王国で，地域ごとに教育を管轄する政府機関が置かれています。ここではイングランドを紹介します。

学校暦は9月から翌年の6月までです。図12-3にイギリス（イング

第Ⅳ部　新しい教育の展開

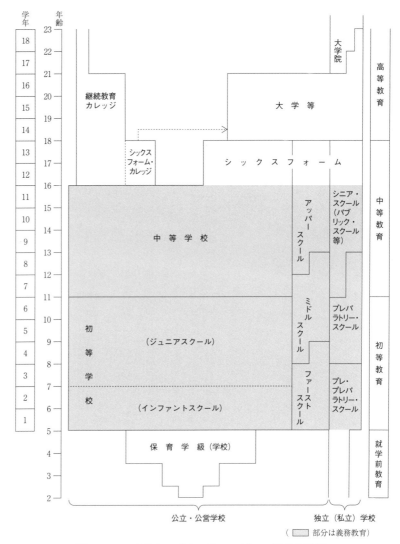

図12-3　イギリス（イングランド）の学校系統図
出所：文部科学省「諸外国の教育統計 令和6（2024）年版」https://www.mext.go.jp/b_menu/toukei/data/syogaikoku/1415074_00022.htm（2024年12月1日閲覧）をもとに筆者作成。

ランド）の学校系統図を示します。義務教育は5歳から16歳までで，初等学校と中等学校の教育期間にあたります。初等教育は初等学校で行われ，5歳から7歳を対象とする前期2年（インファントスクール）と7歳から11歳の後期4年（ジュニアスクール）に区分されます。中等教育は11歳から18歳までの7年間です。義務教育である中等学校が5年間あり，その後の2年間は義務教育後となります。その2年間をシックスフォームと呼びます。シックスフォームは主に中等学校に付設されていますが，シックスフォーム・カレッジとして独立している場合もあります。高等教育は主に大学で行われています。

就学前教育・保育は，保育学級（学校）や初等学校付設保育学級，プレスクールなどにおいて主に３〜４歳児を対象に行われます。2013年の３〜５歳児の就学前教育機関在籍率は78％でした[7]。

イギリスの就学前教育・保育は幼保一元化がされており，教育省が担っています。そして０歳から５歳までの共通カリキュラムが義務付けられています。英国の保育政策において特徴的なのは，貧困問題，移民問題に積極的に取り組んでいる点です[8]。

4　フランス

フランスでは中央政府に就学前教育から中等教育を管轄する省，高等教育を管轄する省が置かれ政策立案と実施を行っています。実際の教育行政は地方公共団体が所管しています。

学校暦は９月から翌年の７月までです。図12-4にフランスの学校系統図を示します。義務教育は３歳から16歳までで，16〜18歳は教育・訓練等に従事することが義務付けられています。初等教育は６〜11歳の児童を対象に５年間，小学校で行われます。中等教育は前後期に分かれています。前期中等教育は11〜15歳の生徒を対象に４年間，コレージュで行われ，後期中等教育は15〜18歳を対象にリセ（３年）及び職業リセ（２〜３年）で行われます。高等教育は大学，大学付設技術短期大学部，グランゼコール，リセ付設のグランゼコール準備級及び，職業リセ付設の中級技術者養成課程等で行われます。ほかに教員養成機関として大学に付設された国立高等教職教育学院があります。

就学前教育・保育は幼稚園又は小学校付設の幼児学級・幼児部で，２〜６歳の幼児を対象として行われます。2016年の３〜５歳児の就学前教育・保育機関在籍率は105％でした[9]。100％を超えるのは，統計の取り方に重複があるためですが，高い数値になっています。

フランスでは６歳以下の子どもをもつ家庭に対し，家庭生活と職業生活の両立の目標のもと，①時間的支援（子育て，教育への参加保障），②経済的支援として子育て費用の保障制度，③サービスの提供としての多様な就学前教育・保育施設，が準備されています。少子化に悩む先進国のなかで19世紀から人口問題に取り組んできており，出生率が高い，つまり子どもを産み育てやすいといえる制度，政策に特徴があると言えるでしょう[10]。

5　ドイツ

ドイツは中央政府に教育を管轄する連邦教育研究省があり，学校以外

[7]　前掲(5)。

[8]　秋田喜代美・古賀松香『世界の保育の質評価』明石書店，2022年，p. 86。

[9]　前掲(5)。

[10]　赤星まゆみ「フランスの幼児教育・保育と子育て支援」『日本福祉大学子ども発達学論集』4，2012年，pp. 47-66。

第Ⅳ部　新しい教育の展開

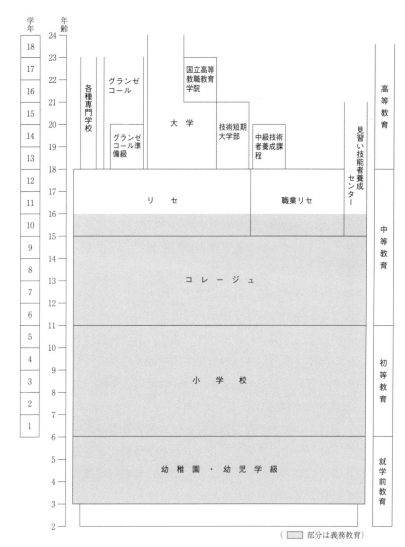

図 12-4　フランスの学校系統図
出所：文部科学省「諸外国の教育統計 令和 6（2024）年版」https://www.mext.go.jp/b_menu/toukei/data/syogaikoku/1415074_00022.htm（2024年12月1日閲覧）をもとに筆者作成。

の教育政策等を担っています。そして各州の教育所管省が学校教育を担っています。

　学年暦は9月から翌年の8月までです。図12-5にドイツの学校系統図を示します。義務教育は6～15歳までの9年間で，一部の州では10年間です。また，義務教育修了後に就職し職業訓練生として職業訓練を受ける者は通常3年間，週1～2日程度職業学校に通うことが義務とされています。

　初等教育は，基礎学校において6歳から4年間（一部の州では6年間）行われています。中等教育は，10歳より能力・適性に応じてハウプト

140

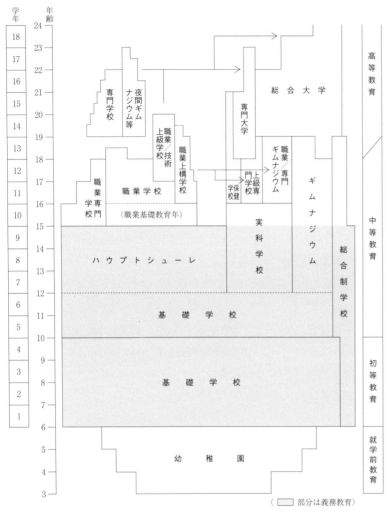

図12-5 ドイツの学校系統図

出所：文部科学省「諸外国の教育統計 令和6（2024）年版」https://www.mext.go.jp/b_menu/toukei/data/syogaikoku/1415074_00022.htm（2024年12月1日閲覧）をもとに筆者作成。

シューレ，実科学校，ギムナジウムといった伝統的な学校種のほか，これらの学校修了資格が取得可能な教育課程を提供する様々な学校種で行われます。高等教育は総合大学と専門大学で行われます。

　就学前教育・保育は3〜5歳児を対象に，幼稚園で行われます。2013年の3〜5歳児の就学前教育・保育機関在籍率は110％でした。ドイツも統計処理の関係で100％を超えていますが，在籍率がとても高いことが分かります。

　ドイツの就学前教育・保育の所轄は州により様々ですが，近年福祉系から教育系への移行が進んでいます。2004年に国レベルのカリキュラムガイドラインが設けられ，就学前教育・保育は就学準備の色を濃くしま

(11) 前掲(5)。

第Ⅳ部　新しい教育の展開

⑿　前掲(8), p. 164。

した。ドイツでは３歳未満児の施設を保育所，２歳ないし３歳から６歳の就学前までの施設を幼稚園と年齢ごとに種類を分けていますが，近年は０歳から基礎学校の学齢児までを扱い，保育所，幼稚園，学童保育の機能をあわせもつ総合的保育施設（キタ）が施設数において最も多くなっています。⑿

6　中国

　中国は中央政府に教育部が置かれ，教育全般を統括しています。初等中等学校の設置，管理指導は各地方レベルの責任とされます。

　学年暦は９月から翌年の７月までです。義務教育は６～15歳までの９年間です。図12－6に中国の学校系統図を示します。小学校は基本的に６年制ですが，一部に５年制，９年一貫制の学校もあります。1986年制定（2006年改正）の義務教育法では６歳入学が規定されていますが，地方によって７歳の入学も行われています。

　前期中等教育段階の初級中学は３～４年，後期中等教育機関は，普通教育を行う高級中学（３年）と職業教育を行う中等専門学校（４～５年），技術労働者学校（３年），職業中学（２～３年）があります。高等教育は大学及び専科学校，職業技術学院で行われます。

　就学前教育は幼稚園又は小学校付設の幼児学級で通常３～６歳の幼児を対象に行われます。2012年の３～５歳児の就学前教育機関在籍率は70％でした。⒀

⒀　前掲(5)。

　中国では就学前教育・保育を学校教育と生涯教育の土台と位置づけています。３年間の就学前教育の全面的な普及を推進していますが，３歳未満児の扱いは家庭に任されている面が強く，課題が残っています。３歳から６歳の子どもの教育・保育は国家カリキュラムが示され，①健康，②言語，③社会，④科学，⑤芸術の五領域ごとに学びの目標が設けられています。⒁

⒁　前掲(8), p. 290。

7　韓国

　韓国は中央に教育省が置かれ，教育全般に関する政策を所管しています。地方に教育庁が置かれており，地方の教育に関する事務を所管しています。

　学年暦は３月から翌年の２月までです。図12－7に韓国の学校系統図を示します。義務教育は６～15歳までの９年間です。初等教育は６歳入学で６年制です。前期中等教育は３年間中学校で行われ，後期中等教育は３年間普通高等学校と職業高等学校で行われます。高等教育は大学及

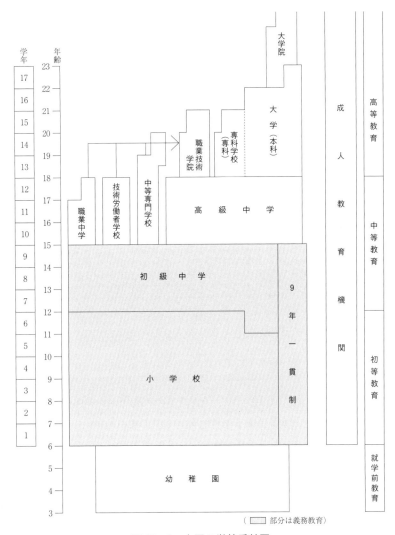

図12-6 中国の学校系統図

出所：文部科学省「諸外国の教育統計 令和6（2024）年版」https://www.mext.go.jp/b_menu/toukei/data/syogaikoku/1415074_00022.htm（2024年12月1日閲覧）をもとに筆者作成。

び専門大学で行われます。

　就学前教育・保育は，3～5歳児を対象に幼稚園，0～5歳児を対象に保育所で行われます。どちらの施設でも3～5歳児クラスでは，共通のカリキュラムが実施されています。2014年の3～5歳児の在籍率は92％でした。[15]

　韓国の就学前教育・保育の管轄は幼稚園を担う教育部と保育所（こどもの家：オリニチブ）を担う保健福祉部に分かれています。0歳から2歳は標準保育課程というカリキュラム，3歳から5歳はヌリ課程というカリキュラムが全国の就学前教育・保育機関で実施されています。カリ

[15] 前掲(5)。

第Ⅳ部 新しい教育の展開

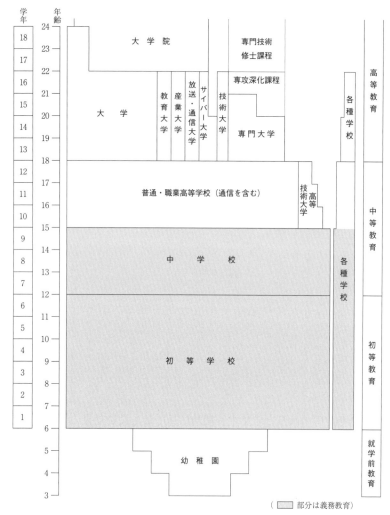

図12-7 韓国の学校系統図

出所：文部科学省「諸外国の教育統計 令和6（2024）年版」https://www.mext.go.jp/b_menu/toukei/data/syogaikoku/1415074_00022.htm（2024年12月1日閲覧）をもとに筆者作成。

キュラムの特徴は子ども中心・遊び中心であり，日本と類似していると言えます。ヌリ課程カリキュラムは，①身体運動・健康，②意思疎通，③社会関係，④芸術経験，⑤自然探求の五領域に分けられ，それぞれ目標や内容が定められています。[16]

(16) 前掲(8), p.214。

2 世界の教育・保育において共通する課題「質の維持と向上」

前節では，7か国の教育制度や就学前教育・保育の状況，学校系統図について整理しました。世界各国で義務教育や就学前教育・保育の在り

方が異なること，一方で，共通した枠組みがあることを理解したのではないでしょうか。本節では，世界に共通した課題に触れていきます。

1　教育・保育の質の維持と向上

　世界の教育・保育に関する課題のうち重要なものには，質の維持と向上があげられるでしょう。

　OECDは，Learning Framework 2030（2030年に向けた学習枠組み）のなかで以下のように「共有しているビジョン」について述べています。

　　「VUCA」（不安定，不確実，複雑，曖昧）が急速に進展する世界に直面する中で，教育の在り方次第で，直面している課題を解決することができるのか，それとも解決できずに敗れることとなるのかが変わってくる。新たな科学に関する知識が爆発的に増大し，複雑な社会的課題が拡大していく時代において，カリキュラムも，おそらくは全く新しい方向に進化し続けなければならないだろう。[17]

　また，就学前の保育・教育や子育ても含めた議論においては，保育・教育学者の秋田喜代美と佐川早季子が，「乳幼児期の子どもたちへの公的投資こそ，国の政策として中長期的に見て最も投資効果のある政策であることが国際的に言われ，各国共に乳幼児期の保育・教育の質向上のため政策に取り組まれていること」を指摘しています。[18]

　さらに秋田は，少子化が進む社会の中で，国の政策として子ども子育て政策に重点が置かれたことに対し，こども家庭庁への期待は大きいとしつつ今後さらに解決すべき点として，①子どもの権利に関する法律等の制定が必要であること，②公教育と児童福祉の関連や所管の在り方の検討が行政の機能と関連付けて必要であること，③子どもに関わるデータの収集や学術分析によるエビデンスに基づいて，政策が提言されていくための体制が作られていくことが必要であること，の三点を整理しています。[19]

　これらの記述からも保育・教育の質の維持と向上は国際的な関心事であり，現代社会において質の高い保育・教育こそが大切であることが分かると思います。

　保育・教育の質に関わる条件には様々な考えがありますが，①保育者・教師の養成，研修，免許資格の在り方，給与等の勤務条件，②保育・教育カリキュラム，③保育・教育を評価する仕組み，の三点があげられるでしょう。これらの現状と課題を把握し，よりよくするための改

[17]　文部科学省「OECD Education 2030プロジェクトについて——教育のスキルと未来：Education 2030【仮訳（案）】」p. 3。

[18]　秋田喜代美・佐川早季子「保育の質に関する縦断研究の展望」『東京大学大学院教育学研究科紀要』51，2012年，pp. 217-234。

[19]　秋田喜代美「子ども子育て政策の現状と動向」『学術の動向』27（6），2022年，pp. 10-13。

第Ⅳ部　新しい教育の展開

善策を練るために保育・教育機関，地方自治体，国，世界と様々な対象，規模の調査・研究が行われているのです。

2　教育・保育の質の維持と向上のための国際調査と日本への示唆

　ここでは，世界規模で教育や保育の調査を実施・分析し，政策に活かす手だてを提案しているOECDの調査をいくつか紹介します。そのうえで，それぞれの調査において日本に関してどのような結果が得られるのか見てみましょう。

　これらのOECD国際調査は，OECD加盟国，パートナー国等の比較を通じ，各国の教育・保育の実態を把握し，自国の政策に反映させることで教育・保育の質の維持と向上を図る役割があります。

①PISA

　まず，生徒の学力を測る調査があります。PISA（ピサ：Programme for International Student Assessment）というもので，15歳の生徒を対象に学習到達度を調査しています。内容は読解リテラシー，数学的リテラシー，科学的リテラシーの三分野に分けられます。2000年から３年ごとに調査が実施されています。

　2018年の調査では，79か国・地域（OECD加盟37か国，非加盟42か国・地域）の生徒を対象に実施されました。この結果からは，日本人生徒の数学的リテラシー及び科学的リテラシーが引き続き世界トップレベルであること，調査開始以降の長期トレンドとしても，安定的に世界トップレベルを維持しているということが明らかにされました。[20]また読書を肯定的にとらえている割合も高く，そのような生徒ほど読解力が高い結果でした。そのほかに読解力の自由記述形式の問題において，自分の考えを他者に伝わるように根拠を示して説明することに引き続き課題がある，という指摘もありました。また，家庭の社会経済文化的水準が与える影響は，参加国のなかで最も小さいことも明らかになりました。

②TALIS

　続いて，学校の学習環境と教員及び校長の勤務環境に焦点を当てた国際調査があります。2008年に初めて実施されたTALIS（タリス：Teaching and Learning International Survey）というもので，研修などの教員の環境，学校での指導状況，教員へのフィードバックなどについて，国際比較可能なデータを収集し，教育に関する分析や教育政策の検討につなげています。

(20)　国立教育政策研究所「我が国の教育の現状と課程──TALIS 2018年結果より」https://www.nier.go.jp/kokusai/talis/pdf/talis2018_points.pdf（2023年8月31日閲覧）。

2018年調査では，OECD加盟国・非加盟国計48か国・地域が参加しました。この結果からは，日本は学級において規律が整っており，良好な学習の雰囲気があること，日本の小中学校教員の1週間当たりの仕事時間は最長であること，特に中学校の課外活動（スポーツ・文化活動）の指導時間が長い一方，日本の小中学校教員が職能開発活動に使った時間は，参加国中で最短であったことなどが明らかになりました[21]。また質の高い指導を行う上で，特別な支援を要する児童生徒への指導能力を持つ教員の不足を指摘する日本の小中学校校長が多いことも明らかになりました。ほかに，「主体的・対話的で深い学び」の視点からの授業改善やICT活用の取り組み等が十分でないことも示唆されました。中学校教員では「批判的に考える必要がある課題を与える」ことや「明らかな解決法が存在しない課題を提示する」ことが参加国中顕著に少ないことも指摘されました。

③TALIS Starting Strong

保育の質に関しては，OECDがECEC（乳幼児期の教育・保育：Early Childhood Education and Care）の環境に焦点を当てた国際調査が2018年にOECD加盟9か国で初めて実施されました[22]。これはTALIS Starting Strong（タリススターティングストロング：OECD国際幼児教育・保育従事者調査）と呼ばれる調査です。この調査は今後も実施予定です。幼児教育・保育に携わる保育者及び園長・所長に対して質問紙による調査を行い，園での保育実践の内容や，勤務環境，仕事への満足度，養成・研修，園でのリーダーシップなどについて，国際比較を行うものです。2018年の結果からは，日本では保育者間の協働がよく行われていること，園長・所長に園の課題の責任が集中する傾向があること，保育者は「子どもや保護者，社会からの評価が低い」ととらえられていること，勤務時間が参加国中最も長いことなどが明らかになりました。また，保育者養成課程の教育の内容に「子供の育ちや学び，生活の観察・記録」「特別な支援を要する子供の保育」が含まれていた割合は日本が参加国中で最も高かったこと，一方で「読み書きや話し言葉に関する学びの支援」「科学や技術に関する学びの支援」については日本が参加国中で最も低かったことが明らかになりました。

OECD教育政策レビュー（OECD Education Policy Review of Japan, 2018）では，日本の教育政策について「長年にわたる国際比較評価でも示されているように，日本の教育制度は高い成果を生み出している」「教員が熟練した能力を持ち，総体的に生徒のケアをよくしている，生

[21] 国立教育政策研究所「OECD国際幼児教育・保育従事者調査（TALIS Starting Strong）」https://www.nier.go.jp/youji_kyouiku_kenkyuu_center/oecd.html（2023年8月31日閲覧）。

[22] 国立教育政策研究所「OECD生徒の学習到達度調査（PISA）」https://www.nier.go.jp/kokusai/pisa/（2023年8月31日閲覧）。

[23] 文部科学省「OECD教育政策レビューについて（中間レポート概要）」2017年，pp. 1-5。

第Ⅳ部　新しい教育の展開

(24)　同前。

徒が身を入れて協力的な姿勢で学習している，保護者が教育を重視し，学校外の付加的学習（学習塾）に支出している，そして，地域社会が教育を支援している」「しかし，この（優れた）システムの代償として，教員に極度の長時間労働と高度な責任があり，それによって教員は研修を受け，新学習指導要領に適応することを困難にしている」と指摘しています[24]。また「義務教育には国費が投入されているが，乳幼児期の教育・保育（ECEC）および高等教育への経済的支援は限られており，日本の世帯（各家庭）がこれらの段階の教育に支出する度合いはOECD諸国の中でも上位に入っている。より社会経済的地位の低い女性や学生にとっての機会が制限される可能性がある。また，日本の成人教育率の低さも，生涯学習の向上によって（潜在的な）労働者のスキルアップや技能再教

(25)　前掲[23]。

育を助け，近年の人口縮小傾向を背景に，技能を有する人口を最大限に生かす余地がある」と指摘しています[25]。ここから，日本の教育制度が他国と比較して優れている点もある一方で，保育や高等教育への経済的支援の少なさなどの課題が浮かびあがってきます。

　以上に紹介したようなOECDの国際調査結果や教育政策レビューは，世界の多くの国や地域のうち各調査等に参加した国のなかでの比較であり，世界を網羅するものではありません。しかし，諸外国の教育・保育の状況や制度，政策の取り組みに学ぶことは日本の教育・保育をよりよいものへと導く足掛かりとなるのです。

◆◆保育・教育現場に生かすために◆◆

　日本で教育や保育に携わる保育者・教師になる場合，諸外国の教育・保育に関する勉強をすることは，とても大切なことです。グローバル社会のなかで諸外国との距離は近いものとなっています。諸外国の教育・保育に関する研究結果や政策に関する情報，多様な教育・保育の実態が伝わる情報は大学図書館で探したり，海外研修に参加をしたりする以外にも，インターネットを通じて簡単に手に入る時代になりました。

　教育・保育の現場に出てからも，園外／校外研修で学ぶ際に視野が広がることがあるように，今，教育原理を学んでいるこの時期に，諸外国から自国にない多彩な教育・保育政策，制度，園／学校ごとの工夫を知ることは皆さんの教育・保育実践を豊かにするでしょう。

第12章　世界の教育・保育

【Work 12】
　本章を読んで，以下の問いに答えましょう。

1　本章で示したアメリカ，イギリス，フランス，ドイツ，中国，韓国のうちどの国の教育制
　度，保育の在り方に興味を持ちましたか。国名をあげ，どのような点に関心を持ったかを
　100字程度で書きましょう。

　国名：
　関心を持った点：

2　OECDはPISA調査などの各種調査から，我が国の保育者・教師に関する課題の一つとし
　て「勤務時間の長さ」があると指摘しています。あなたが所属機関の長（保育所長，学校長
　等）であったなら，どのようにしてこの課題を解決しますか。150字程度で書きましょう。

第13章
新しい教育・保育の課題と保育者・教師

　現在，日本の子どもや教育・保育をめぐる環境は大きな変革期にあります。なかでも少子化問題は日本の子ども支援関連政策を大きく動かすきっかけになりました。その他にも多文化共生社会における教育・保育，円滑な幼保小連携・接続といった新しい教育・保育の課題も多くあり，それらについて理解することが求められています。そのうえで保育者や教師がどのように関わっていくのかについても，考えてみましょう。

＊＊学びのポイント＊＊
①少子化社会の教育・保育について理解する。
②多文化共生社会の教育・保育について理解する。
③円滑な幼保小連携・接続と保育者・教師の関わりについて理解する。

1　少子化社会の教育・保育

　日本では少子化が進んでいます。2023（令和5）年の出生数は7年連続で減少しました。過去最少だった2022（令和4）年を4万3,471人下回る72万7,288人となりました。「少子化は日本が直面する最大の危機」という認識のもと，様々な施策が講じられています(1)（図13−1）。

　文部科学省は少子化の進行がもたらす影響について，「労働力人口の減少や経済成長の停滞，ひいては我が国社会の活力の減退等につながり，社会全体として見れば我が国にとってマイナスの影響をもたらすと同時に，我が国の教育にも様々な影響を及ぼすこととなる」と指摘しています(2)。

　同時に文部科学省は，少子化が教育に及ぼす具体的な影響としては，①子ども同士の切磋琢磨の機会が減少すること，②親の子どもに対する過保護・過干渉を招きやすくなること，③子育てについての経験や知恵の伝承・共有が困難になること，④学校や地域において一定規模の集団を前提とした教育活動やその他の活動（学校行事や部活動，地域における伝統行事等）が成立しにくくなること，⑤良い意味での競争心が希薄になることなどが考えられると指摘しています(3)。

　少子化の原因としては未婚化・晩婚化の進行，子どもを産みたいが産みにくい状況の存在，地域社会における子ども数の減少などがあげられます。

　日本では少子化への対策としてまず少子化社会対策基本法（2003（平

(1)　厚生労働省「人口動態調査令和5（2023）年」2023年，https://www.e-stat.go.jp/statistics/00450011（2023年8月31日閲覧）。

(2)　文部科学省「少子化と教育について（中央教育審議会　報告）」https://www.mext.go.jp/b_menu/shingi/chuuou/toushin/000401.htm（2024年8月31日閲覧）。

(3)　同前。

第13章　新しい教育・保育の課題と保育者・教師

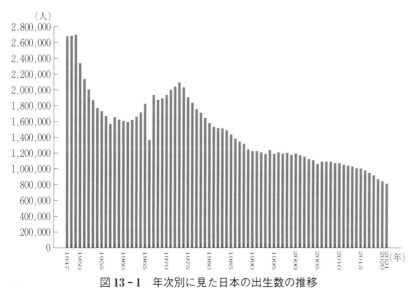

図13-1　年次別に見た日本の出生数の推移
出所：厚生労働省「人口動態調査」令和5（2023）年をもとに筆者作成。

成15）年）が制定され，翌年に「子ども・子育て応援プラン（少子化社会対策大綱に基づく重点施策の具体的実施計画について）」において具体的な目的や内容が示されました。

　そして2012（平成24）年に，急速な少子化の進行，結婚・出産・子育ての希望がかなわない状況，子ども・子育て支援が質・量ともに不足している状況，子育ての孤立感と負担感の増加，などの課題を解決し，幼児期の教育・保育，地域の子ども・子育て支援を総合的に推進するために子ども・子育て関連3法が制定されました。子ども・子育て関連3法は，「子ども・子育て支援法」「就学前の子どもに関する保育・教育等の総合的な提供の推進に関する法律の一部を改正する法律」「子ども・子育て支援法及び就学前の子どもに関する保育・教育等の総合的な提供の推進に関する法律の一部を改正する法律の施行に伴う関係法律の整備等に関する法律」の三つのことを言います。具体的には，子どもの年齢や親の就労状況などに応じた多様な支援を用意したり，保育・教育や子育て支援の選択肢を増やすこと，二人目，三人目も安心して子育てできるように，待機児童の解消に向け保育・教育の受け皿を増やすなど子育て支援の「量」を増やしたり，幼稚園や保育所，幼保連携型認定こども園などの職員配置の改善や職員の処遇改善をすることで子どもたちがより豊かに育っていけるよう，支援の「質」を高めていくことが内容に盛り込まれました。

　2012（平成24）年の子ども・子育て関連3法制定以降も国は子どもに関する様々な施策の充実に取り組みましたが，少子化の進行，人口減少

151

第Ⅳ部　新しい教育の展開

表 13－1　こども基本法の理念

① 全てのこどもについて，個人として尊重されること・基本的人権が保障されること・差別的取扱いを受けることがないようにすること
② 全てのこどもについて，適切に養育されること・生活を保障されること・愛され保護されること等の福祉に係る権利が等しく保障されるとともに，教育基本法の精神にのっとり教育を受ける機会が等しく与えられること
③ 全てのこどもについて，年齢及び発達の程度に応じ，自己に直接関係する全ての事項に関して意見を表明する機会・多様な社会的活動に参画する機会が確保されること
④ 全てのこどもについて，年齢及び発達の程度に応じ，意見の尊重，最善の利益が優先して考慮されること
⑤ こどもの養育は家庭を基本として行われ，父母その他の保護者が第一義的責任を有するとの認識の下，十分な養育の支援・家庭での養育が困難なこどもの養育環境の確保
⑥ 家庭や子育てに夢を持ち，子育てに伴う喜びを実感できる社会環境の整備

出所：こども家庭庁「こども基本法」https://www.cfa.go.jp/policies/kodomo-kihon/（2024年12月1日閲覧）をもとに筆者作成。

に歯止めがかかりませんでした。また児童虐待相談や不登校の件数が過去最多になるなど，子どもを取り巻く状況は深刻で，コロナ禍がそうした状況に拍車をかけました。そのため，子どもに関する様々な取り組みを講ずるに当たっての共通の基盤となるものとして，子どもに関する施策の基本理念や基本となる事項を明らかにし社会全体で総合的かつ強力に実施していくための包括的な基本法として，2022年（令和4）年6月に「こども基本法」が制定され，2023（令和5）年4月にこども家庭庁が発足しました。こども家庭庁は内閣府や厚生労働省が担っていた子どもに関する仕事を担う，内閣府の外局です。

　こども基本法の理念を表13－1に示します。

　子どもが少なくなることによって起こりうる弊害があります。子どもが集団で保育・教育を受ける場である学校や幼稚園，保育所，幼保連携型認定こども園では，子どもの成長機会を提供するよう一層の工夫が求められていると言えるでしょう。

2　多文化共生社会の教育・保育

　日本では，外国籍児童や外国につながる子どもたちが増えています。外国につながる子どもは，本人や親の国籍にかかわらず，また，本人の自覚の有無にかかわらず，日本以外の文化的アイデンティティをもつと考えられる子どもで，日本語の不自由さや日本の文化，社会の知識及び経験の不足から，日本での生活，特に学校生活において何らかの困難を抱えていることが多いです。多文化共生（multicultural coexistence）は，総務省によると「国籍や民族などの異なる人々が，互いの文化的違いを

(4)　佐々木香織「外国につながる子どもの学習支援の現状と課題」『日本語教育』170，公益社団法人日本語教育学会，2018年，pp. 1-16。

152

第13章　新しい教育・保育の課題と保育者・教師

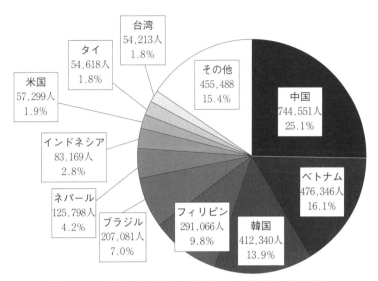

図13-3　国籍・地域別の在留外国人の構成比（2022年）
出所：出入国在留管理庁報道資料「令和4年6月末現在における在留外国人数について」第3図をもとに筆者作成。

認め合い，対等な関係を築こうとしながら，地域社会の構成員として共に生きていくこと」とありますが，国籍・民族による文化的違いに注目する場合と，さらに広い視野をもって社会における少数派（マイノリティ）の文化との共生としてとらえる場合があります。例えば障害のある人，セクシャル・マイノリティ，被差別部落の住民など，社会には少数派とされる様々な人々の生活とその文化が存在します。多文化共生は，それらまで含めてとらえることが重要です。

図13-3は，2022年の日本における国籍・地域別の在留外国人の構成比を示したものです。国籍・地域別に見ると，日本には中国，ベトナム，韓国，フィリピン，ブラジル，ネパールの順に在留している割合が多くなっています。

在留外国人の増加は保育・教育の現場に影響を与えています。民族・文化・信仰・個人の特性などに起因する価値観や行動規範の違いによる摩擦・対立を超えて，共生を模索することを「多文化共生保育・教育」と言い，近年盛んに研究されています。

「多文化共生保育・教育」は「多文化教育」「多文化保育」とも呼ばれます。そのルーツはアメリカにあります。しかし現在それらの定義は国や時代によって一様ではありません。

多文化教育研究者である松尾知明は多文化教育（multicultural education）について「マイノリティの視点に立ち，社会的公正の立場から多文化社会における多様な人種・民族あるいは文化集団の共存・共生をめざす教

(5) 総務省「文化推進に関する研究会報」2006年，p. 5，https://www.soumu.go.jp/kokusai/pdf/sonota_b5.pdf（2024年8月31日閲覧）。

(6) 林悠子「多文化共生」「多文化保育」秋田喜代美監修『保育用語辞典』中央法規出版，2019年，p. 79。

(7) 前掲(6)。

153

第IV部　新しい教育の展開

育理念であり，その実現に向けた教育実践であり教育改革運動である」と定義しています。そして一人ひとりに「異文化間能力（intercultural competence）」の育成が求められていると主張しています。松尾によると異文化間能力とは，「日本人性」つまり「日本において日本人であること」の議論を踏まえて，「自らの日本人性について意識化し内省的にその社会的意味を検討するとともに，異なる人々を尊重し効果的にコミュニケーションをとり多文化共生の実現に向けて協働する力」を指します[8]。異文化間能力は，異なる文化と文化の間で効果的に機能することのできる能力のことですので，就学前教育や保育の場面でも育てたい力であると言えるでしょう。

その他，林悠子は多文化保育を「すべての子どもが保育・教育を等しく受ける権利を保障し，乳幼児期の発達の特徴に応じて，同じ社会に生活するすべての子どもとその家族，さらには地域への恩恵がもたらされる発達の援助」ととらえることが必要だと述べています[9]。

特に，外国につながる子どもへの援助には，保育者・教師のカウンセリングマインド[10]が前提となります。その上で，文化や言葉の違いに応じた援助が必要となります。母語や母国文化について取り上げることも大切です。それは外国につながる子どもを特別扱いすることではなく，本人が集団の中で居場所を見つけ，自己肯定感を得るために必要な援助であると言えるからです。同時に他の子どもたちが「違い」を認め，受け入れる力を育てる機会でもあります。

多文化共生保育・教育では，外国につながる子ども，何らかの少数派（マイノリティ）の子どもを特別にとらえた保育・教育というより，集団で行われる普遍的な保育・教育の営みの一つの形であると言えるでしょう。

3　幼保小連携・接続と保育者・教師の関わり

OECDの指摘をはじめ，世界的な流れとして「子どもの健やかな育ち」のため幼児期の教育・保育と小学校における初等教育の円滑な接続が注目されています。秋田喜代美は，OECDの研究を整理しながら幼保小接続における教育（指導）の継続性の意義や，幼保小接続は各国でも大きな関心事であること，政府の戦略や政策文書に含まれることが増加していることについてふれています[11]。

日本の教育・保育政策としても，2021年度に文部科学省中央教育審議会に「幼児教育と小学校教育の架け橋特別委員会」が設置され，幼児教

---

(8)　松尾知明「多文化教育と日本人性──異文化間能力の育成に向けて」『生涯学習とキャリアデザイン』16（2），2019年，pp. 103-113。

(9)　前掲(6)，p. 79。

(10)　カウンセリングマインド
保育者や教師が子どもと保護者に対してあたたかく肯定的な関心を示し，自ら育とうとする力を信頼して関わる姿勢，言いかえれば子どもや保護者の思いや願いを丁寧に受け止め，見守ったり待ったりしながら共感的に理解し，援助し続けようとする姿勢のことである（古賀松香，秋田喜代美監修『保育用語辞典』中央法規出版，2019年，p. 84）。

(11)　秋田喜代美「幼児教育をめぐる国際的動向について」「幼児教育と小学校教育の架け橋特別委員会（第1回）配付資料」2021年。https://www.mext.go.jp/content/20210720-mxt_youji-000016944_09.pdf（2024年8月31日閲覧）。

育・保育と小学校との円滑な接続に向けた取り組みが本格化しています。

　文部科学省は，幼児期は遊びを通して小学校以降の学習の基盤となる芽生えを培う時期であり，小学校においてはその芽生えをさらに伸ばしていくことが必要であることから，幼児教育・保育と小学校教育を円滑に接続することが重要だと定義しました。そして，5歳児から小学校1年生の2年間を「架け橋期」と称して焦点を当て，0歳から18歳までの学びの連続性に配慮しつつ，「架け橋期」の教育の充実を図り，生涯にわたる学びや生活の基盤をつくることを主張しました。架け橋期の教育を充実するためには，幼保小はもとより，家庭，地域，関係団体，地方自治体など，子どもに関わる全ての関係者が立場を越えて連携・協働することが必要です。そして家庭や地域の状況にかかわらず，全ての子どもが格差なく質の高い学びへと接続できるよう幼児期及び架け橋期の教育の質を保障していくことを目指します。

　文部科学省中央教育審議会の幼児教育と小学校教育の架け橋特別委員会は「学びや生活の基盤をつくる幼児教育と小学校教育の接続について——幼保小の協働による架け橋期の教育の充実（案)」のなかで，次のように今後のわが国が目指す幼保小接続の方向性ついて整理しています[13]（表13-2）。

　表13-2に整理されている「5．教育の質を保障するために必要な体制等」のなかに，架け橋期のカリキュラムや研修等を開発・実施する「幼保小の架け橋プログラム」を推進という一文があります。これは，子どもに関わる大人が立場を越えて連携し，架け橋期にふさわしい主体的・対話的で深い学びの実現を図り，一人ひとりの多様性に配慮した上で全ての子どもに学びや生活の基盤を育むことを目指すものです。

　しかし現状として「各幼児教育施設・小学校において連携の必要性について意識の差がある」「幼児教育施設の教育は多様であるため，施設類型の違いを越えた共通性が見えにくく，スタートカリキュラム[14]とアプローチカリキュラム[15]」がバラバラに策定され，幼保小の理念が共通していない」「全国の教育委員会において，幼保小接続や生活科を担当する指導主事を配置する例は少なく，小学校の先生に対する研修も十分に行われていない」等の課題が指摘されています。

　円滑な幼保小連携・接続のため，保育者や教師は幼児教育・保育，そして小学校の両方の学びや生活，対象年齢の子どもの発達の特徴を知識として備えておく必要があります。そして0歳から18歳までの学びの連続性に配慮しつつ，「架け橋期」の教育の充実を図り，生涯にわたる学びや生活の基盤をつくることを心掛けたいものです。

---

[12]　文部科学省中央教育審議会幼児教育と小学校教育の架け橋特別委員会「学びや生活の基盤をつくる幼児教育と小学校教育の接続について——幼保小の協働による架け橋期の教育の充実」2023年，https://www.mext.go.jp/kaigisiryo/content/20230224-mxt_youji-000027800_1.pdf（2024年8月31日閲覧）。

[13]　同前掲[12]。

[14]　スタートカリキュラム　小学校に入学した子どもが，幼稚園・保育所・幼保連携型認定こども園などでの遊びや生活を通した学びと育ちを基礎としながら，主体的に自己を発揮し，新しい学校生活を創り出していくためのカリキュラムのこと。

[15]　アプローチカリキュラム　「幼児期の終わりまでに育ってほしい姿」を手がかりとしながら，幼児期にふさわしい生活を通して，この時期ならではの資質・能力を育み，小学校の生活や学びにつながるように工夫されたカリキュラムである。小学校への適応を目的にして，知識や技能を一方的に教え込むことではない。

第Ⅳ部　新しい教育の展開

表13-2　学びや生活の基盤をつくる幼児教育と小学校教育の接続について

──幼保小の協働による架け橋期の教育の充実

> 1．架け橋期の教育の充実
> 　幼児教育施設と小学校は，3要領・指針及び小学校学習指導要領に基づき，幼児教育と小学校教育を円滑に接続することが必要。
> ・幼児教育施設においては，小学校教育を見通して「主体的・対話的で深い学び」等に向けた資質・能力を育み，小学校においては，幼児教育施設で育まれた資質・能力を踏まえて教育活動を実施。特に，小学校の入学当初においては，小学校において主体的に自己を発揮しながら学びに向かうことを可能にするための重要な時期であり，幼児期に育まれた資質・能力が，低学年の各教科等における学習に円滑に接続するよう教育活動を実施する。
> 2．幼児教育の特性に関する社会や小学校等との認識の共有
> 　幼児教育施設と小学校が，保護者や地域住民等の参画を得ながら，架け橋期の教育の充実を図るためには，幼児教育の特性について，認識の共有を図ることが必要。
> ・幼児期の遊びを通した学びの特性に関する社会や小学校等との認識の共有が未だ十分ではないため，様々な研究や実践の成果に基づく知見を活用して幅広く伝え，遊びを通した学びの教育的意義や効果の共通認識を図る。
> 3．特別な配慮を必要とする子供や家庭への支援
> 　障害のある子供や外国籍等の子供など，特別な配慮を必要とする子供や家庭への適切な支援が必要。
> ・特別な配慮を必要とする子供の対応が増加しており，幼児教育施設・小学校と，母子保健，福祉，医療等の関係機関との連携強化により，切れ目ない支援を実施。
> ・幼児教育施設は，一人一人に応じた指導を重視する幼児教育のよさを生かしながら子供の実態に応じた適切な支援を実施，小学校は，引き継いで必要な支援を実施。
> 4．全ての子供に格差なく学びや生活の基盤を育むための支援
> 　核家族化や地域の関わりの希薄化に伴い，家庭や地域の教育力が低下し，幼児教育施設の役割が一層重要。
> ・全ての子供のウェルビーイング[(16)]を高める観点から，教育課程の編成や指導計画の作成，実施や評価，改善等。
> 5．教育の質を保障するために必要な体制等
> 　設置者や施設類型を問わず，幼児教育の質の向上や幼保小の接続等の取組を一体的に推進する体制が必要。また，幼児教育施設における人材確保や勤務環境の改善等が必要。
> ・幼保小に対して専門的な指導・助言等を行う架け橋期のコーディネーターや幼児教育アドバイザーを育成，幼保小接続や生活科を担当する指導主事の配置・指導力の向上。
> ・幼児教育施設や小学校の管理職や先生の研修を充実。
> ・架け橋期のカリキュラムや研修等を開発・実施する「幼保小の架け橋プログラム」を推進。
> 6．教育の質を保障するために必要な調査研究等
> 　幼児教育や幼保小の接続の分野について，データやエビデンスに基づく政策形成が必要。

出所：文部科学省中央教育審議会幼児教育と小学校教育の架け橋特別委員会「学びや生活の基盤をつくる幼児教育と小学校教育の接続について──幼保小の協働による架け橋期の教育の充実」2023年，https://www.mext.go.jp/kaigisiryo/content/20230224-mxt_youji-000027800_1.pdf（2024年8月31日閲覧）をもとに筆者作成。

⑯　ウェルビーイング
身体的・精神的・社会的に良い状態にあることを言い，短期的な幸福のみならず，生きがいや人生の意義など将来にわたる持続的な幸福を含むものである。また，個人のみならず，個人を取り巻く場や地域，社会が持続的に良い状態であることを含む包括的な概念である。

◆◆保育・教育現場に生かすために◆◆

　日本は現在，少子化や人口減少に歯止めがかかっていません。また日本経済・社会情勢の変化等により，家庭や地域による小学校就学前の子どもの学びや発達，成長の格差，障害のある子どもや外国籍等の子どもなど特別な配慮を必要とする子どもへの対応の増加など，新たな課題が生じています。

　少子化問題，多文化共生社会における保育・教育，円滑な幼保小連

携・接続といった施策について学び，その課題の本質を新聞，ニュース，書籍，政府のウェブサイト等から問う姿勢をもち続けながら，子どもと関わることが，これからの保育者や教師に求められています。ぜひ，学び続ける保育者・教師を目指してください。

【Work 13】

本章を読んで，以下の問いに答えましょう。

1　少子化は，子どもたちの育ちにどのような影響を与えると思いますか。本書や，論文，ニュース，新聞記事等から根拠を探し，100〜150字程度で書きましょう。

2　円滑な幼保連携・小接続のために保育者・教師として心がけることや取り組めることにはどのようなものがあると考えますか。いくつか挙げましょう。また，本書や，論文，ニュース，新聞記事等を参照して，心がけることや取り組めることを150〜200字程度で書きましょう。

理解を深める確認問題

　各章で教育原理について学んできました。ここでは，より理解を深めるための確認問題を用意しました。学びの確認として問題に取り組みましょう。問題を解いたあとは解説もよく読み，今後の学びにつなげていきましょう。

第Ⅰ部　教育の意義と目的

第1章　教育とは何か
次の文章で正しものには○を，誤っているのものには×をつけましょう。

①人間に最も近い種であるチンパンジーには，教育という営為が見られる。（　　）

②学校が登場する以前にも，伝統的な地域共同体の中に次の世代を育てる仕組みが存在していた。（　　）

③日本においてすべての子どもたちが学校に通い，一人ひとりが人格の形成を目的とした教育を受けることになった法令は「学校教育法」である。（　　）

④人間の発達には遺伝的要因は影響せず，環境的要因がほぼすべてに影響するので教育が大切である。（　　）

第2章　学校とは何か
1　「学校」という言葉の語源について説明しましょう。

2　今後の教育の方向性の一つとして「協働的な学び」があります。どのような学びか説明しましょう。

第3章　魅力ある保育者・教師とは何か
1　保育者・教師の持つ「職人（craftsman）」としての側面について，説明しましょう。

2　保育者・教師の持つ「専門家（professional）」としての側面について，説明しましょう。

3　「教育基本法」の第9条に定められた教員の責務について，説明しましょう。

理解を深める確認問題

第4章　「学び」について考える

次の文章で正しいものには○を，誤っているものには×をつけましょう。

①現代社会は変化が激しく流動的で先が読めないので，これまで以上に，人から与えられた課題を解決するための決まった方法を身につけることが大切である。（　　）

②これからの社会を生きていくために必要な能力は，「基礎的なリテラシー」「認知スキル」「社会スキル」の三層に分けて構造的に捉えられる。（　　）

③「発達の最近接領域」とは，二人の子どもが自力で解決できる問題領域の最も近い領域，つまり二人の子どもの能力の近さを指している。（　　）

④「模倣」は機械的な活動であり誰でもできる活動のため，「模倣」ができるどうかは子どもの発達状態や知的能力によって決定されない。（　　）

⑤保育者や教師には，子どもの「学び」のために，人やモノや自然などと関わることができる環境を整えるという役割がある。（　　）

第Ⅱ部　教育の思想と歴史

第5章　西洋の教育思想

思想家とその考えや著書について正しいものには○を，誤っているものには×をつけましょう。

①エレン・ケイによって執筆された『エミール』において子どもは発見された。（　　）

②コメニウスは世界で最初の絵入り教科書『世界図絵』を著した。（　　）

③ルソーが男児と家庭教師の物語を記したのは『大教授学』である。（　　）

④人間が未熟な存在として誕生し，一年ほどたったのちに，歩き始め，話すことが始まることはポルトマンによって「生理的早産説」として主張された。（　　）

⑤人間は生まれたときは何も刻まれていない石板「タブラ・ラサ」であるとデューイは主張している。（　　）

第6章　日本の教育思想

思想家とその考えや著書，教育運動について正しいものには○を，誤っているものには×をつけましょう。

①『学問のすすめ』を著したのは倉橋惣三である。（　　）

②芸術教育運動は，手本に忠実に絵を描くことを子どもに求めた。（　　）

③城戸幡太郎によって『育ての心』は著された。（　　）

④貝原益軒は『和俗童子訓』において日本で初めて体系的な教育思想を示した。（　　）

⑤松野クララは日本で初めての幼稚園保母のひとりとされている。（　　）

161

第7章　近代公教育制度の成立と展開

次の問いに答えましょう。

①江戸時代の教育機関で，読み・書き・算の基礎学力を子どもたちに身につけさせるために，民衆が自分たちで開設した教育機関を何というか。（　　　　　　　　　）

②1872（明治5）年に公布された日本最初の近代公教育制度に関する法令は何か。
（　　　　　　　　　）

③日本で1910-20年代に展開された，子どもを教育の中心に据え子どもの発達の必要性に応じた教育を創造しようとする運動を何というか。（　　　　　　　　　）

第8章　戦後における学校教育の展開

1　1947年に制定された教育基本法「第一条（教育の目的)」の（　　　）に当てはまる語句を記入しましょう。

　　教育は，（　　　）の完成をめざし，平和的な国家及び社会の形成者として，真理と正義を愛し，個人の価値をたつとび，勤労と責任を重んじ，自主的精神に充ちた心身ともに健康な国民の育成を期して行われなければならない。

2　次の問いに答えましょう。

①1947年3月に公布され，これによって六・三・三・四制（小学校6年間，中学校3年間，高等学校3年間，大学4年間の制度）が法的に保障された法律を何というか。
（　　　　　　　　　）

②その目的や定義が2006年6月に制定された「就学前の子どもに関する教育，保育等の総合的な提供の推進に関する法律」によって定められ，2006年10月より発足した幼稚園と保育所の両方の機能を備えた施設を何というか。（　　　　　　　　　）

第Ⅲ部　教育の環境と現状

第9章　遊びと学び──幼児期から児童期へ

1　『幼稚園教育要領解説』を参考にしながら，「環境を通して行う教育」の特質の説明として正しい文章をすべて選びましょう。

①幼児の主体性が大切であり，幼児が自分から興味をもって関われるように遊具や用具，素材の種類，数量及び配置を考えることが必要である。

②幼児にふさわしい教育環境が整えられていなくても，幼児を自由に遊ばせておけば幼児期にふさわしい生活を営むために必要なことを身につけるものである。

③環境を通して行う教育では，生活に必要なものや遊具，自然環境，教師間の協力体制など園全体の教育環境を幼児にふさわしいものにすることが求められる。

④幼児の意欲を大事にするには，遊びを大切にし，やってみたいと思える環境を整えるだけでなく，幼児の試行錯誤を認め，時間をかけて取り組めるようにすることも大切である。

⑤教師自身も環境の一部である。教師がモデルとして物的環境への関わりを示すことで，充実した環境との関わりが生まれてくる。

（正しい文章：　　　　　　　　　　　　　　　　　　）

2　『幼稚園教育要領解説』を参考にしながら，「遊びを通しての総合的な指導」の説明として正しい文章をすべて選びましょう。

①具体的な指導の場面では，遊びの中で幼児が発達していく姿を様々な側面から総合的に捉え，発達にとって必要な経験が得られるような状況をつくることを大切にしなければならない。

②幼児は遊びを通して学ぶ。そのため保育者は，幼児たちが一つの遊びを通して，同じ経験をすることを理解し，幼児が発達に必要な経験を得られるよう，適切に指導することが求められる。

③遊びでは，幼児の様々な能力が一つの活動の中で関連して同時に発揮されている。また，様々な側面の発達が促されていくための諸体験が一つの活動の中で同時に得られている。

④幼児の様々な能力は，特定の遊びと結びついて発揮される。つまり，ある能力は，一つの活動と結びついて発達するのである。

⑤幼児にとって遊びは生活そのものともいえる。そのような遊びを中心に，幼児の主体性を大切にする指導を行おうとすれば，それはおのずから総合的なものとなる。

（正しい文章：　　　　　　　　　　　　　　　　　　）

第10章　子どもの権利と教育・保育

1　次の文章を読んで正しいものには〇を，誤っているものには×をつけましょう。

①子どもの権利条約が第44回国連総会で採択されたのは1989年である。（　　　）

②日本が子どもの権利条約を批准したのは1990年である。（　　　）

③人権思想は中世以降発展してきたが，社会的存在の子どもは当初ないに等しいものだった。（　　　）

④子どもの権利という考えが社会的に広まり始めたのは1800年に出版されたエレン・ケイの『児童の世紀』辺りからといわれている。（　　　）

⑤子どもの権利条約における4つの原則は「差別の禁止」「市民の最善の利益」「生命，生存及び発達に対する権利」「子どもの意見の尊重」である。（　　　）

2　子どもの権利条約の前後で児童福祉における子ども観はどう変化しましたか。（　　）に適当な語句を入れてください。

子ども観は「(　　　　　)される存在としての子ども」から「(　　　　　)の(　　　　　)としての子ども」に変わった。

第11章　社会教育と生涯学習

1　次の文章を読んで正しいものには○を，誤っているものには×をつけましょう。

①生涯教育の議論は，特に，1965年にパリで行われたユネスコの第3回成人教育推進国際委員会において，当時ユネスコ教育局継続教育部長であったポール・ラングランの提唱により広がった。(　　　)

②OECDが提唱した「リカレント教育」は，人生の20代前半までに教育期とし，その後を労働期，余暇期とする「フロントエンド型」の教育システムの構築を目指した。(　　　)

③社会教育の定義は，社会教育法第2条に，「学校の教育課程として行われる教育活動を除き，主として青少年及び成人に対して行われる組織的な教育活動をいう」と示されている。(　　　)

④2018年の中央教育審議会答申「人口減少時代の新しい地域づくりに向けた社会教育の振興方策について」では成人教育が生涯学習社会実現に向けての中核的な役割であることが示された。(　　　)

⑤アメリカの成人教育学者マルカム・ノールズは，成人学習者の特性として，成人自身の人生上の経験が，自己および他者による学習にとっての豊かな学習資源になっていくことを示した。(　　　)

2　次の問いを読み，(　　　　　)に当てはまる語句を記入しましょう。

①1965年にパリで行われたユネスコの第3回成人教育推進国際委員会において，ポール・ラングランが提出したワーキングペーパーにおける生涯教育論における中心的な主張は，伝統的な(　　　　　)制度に対する激しい批判と根本的な改革であった。

②1972年，ユネスコの教育開発国際委員会が刊行した『未来の学習（*Learning to be*)』という報告書では，生涯教育が実現する社会を(　　　　　)というある意味ユートピア的なビジョンよって示そうとした。

③社会教育施設である(　　　　　)は戦後の社会教育を担った中心的な施設であり，地域の学習拠点として運営，運用されている。

④2020年，従来の社会教育主事の講習等規定を一部改正して創設された(　　　　　)という専門人材は，行政機関だけではなく，NPO，企業，学校，地域活動やボランティア活動などにおいて，豊かな地域づくりへの展開を支援することが期待された。

⑤マルカム・ノールズは，成人学習者の特性として，学習者の自己概念は依存的なパーソナリティから(　　　　　)が増大していくと主張した。

理解を深める確認問題

第Ⅳ部　新しい教育の展開

第12章　世界の教育・保育
　次の文章を読んで正しいものには○を，誤っているものには×をつけましょう。
①就学前教育とは，義務教育の始まりより前の段階の教育のことを指す。（　　　）
②初等教育は，世界共通で6歳の4月から開始される。（　　　）
③OECDの国際調査のうち，ECEC（幼児教育・保育）の環境に焦点をあてたものをPISA
　（ピサ）という。（　　　）

第13章　新しい教育・保育の課題と保育者・教師
　次の文章を読んで正しいものには○を，誤っているものには×をつけましょう。
①外国につながる子どもとは，親が外国人の子どものことである。（　　　）
②架け橋期とは，5歳児から小学校1年生の2年間のことを指す。（　　　）
③幼稚園や保育所，こども園においてはスタートカリキュラムに取り組み，小学校入学を
　スムーズにすることが大切である。（　　　）

解答・解説

—— 【Work】 ——

序　章　保育者・教師になるための「教育原理」の学び

【Work 序】

1　解説

　　自分が「教育」という言葉から思いつくものであれば，人やもの，感情や印象，出来事など何でもよい。

2　解説

　　間違いとなる回答はないので，自分の意見も他者の意見も大事にできればよい。

3　解説

　　1で書いたことや自分の経験から，「教育とは何か」ということを考えて記述できればよい。主語を入れて書くことで，自分が考えている教育に対する定義が明確になる。さらに，なぜそのような定義にしたのかという理由も書いてあればよい。

4　解説

　　間違いとなる回答はないので，自分の意見も他者の意見も大事にできればよい。

第Ⅰ部　教育の意義と目的

第1章　教育とは何か

【Work 1】

1　解説

　　「教える」という人間固有の営みの背景に，人間の種としての特性があることが書かれていればよい。

2　解説

　　近代化の中で都市化が進み，地域の共同体の次世代育成機能が衰退した歴史的経緯をふまえて記述されていればよい。

3　解説

　　野生児の事例は，幼いころ人間によって育てられなかった人間は，後からいくら教育を受けても人間社会へ適応することができなかったという話である。人間が人間らしく発達するためには初期経験や，教育的な環境を整えることが重要であることを理由にあげていればよい。

4　解説

　　教育基本法をあげながら，人間に内在する能力や資質を引き出すという点と，知識や経験を伝達し，国家・社会の一員を形成するという点の2つを答えられればよい。条文のなかから，「人格の完成」と「平和で民主的な国家及び社会の形成者として必要な資質を備えた心身ともに健康な

167

国民の育成」を抜き出してもよい。

第2章　学校とは何か

【Work 2】

1　回答例

　　日本の学校制度は，1872（明治5）年に公布された「学制」により始まった。「学制」において，「学校」という名称が使われ，現在まで続いている。「学制」において提唱されたのが，国民は日本のどこにいても教育が受けられるとする「国民皆学」の理念である。

2　解説

　　個人の経験から「個別最適な学び」について考えられるとよい。

第3章　魅力ある保育者・教師とは何か

【Work 3】

1-①　解説

　　子どもとの関わりでも，身近な他者との関わりでも，相手のことを信頼し，相手の思いや考えを認めて関わった，という経験やエピソードが記述されていればよい。

1-②　解説

　　子どもとの関わりでも，身近な他者との関わりでも，出来事の経緯や相手の成長の背景を汲み取りながら関わった，という経験やエピソードが記述されていればよい。

1-③　解説

　　子どもとの関わりでも，身近な他者との関わりでも，相手の視点や相手の身になって物事を感じ，見渡してみた，という経験やエピソードが記述されていればよい。

2-①　解説

　　自分自身が取り組んだことについて，自分自身や他者とともに振り返り，改善の手立てを考え，実行してみた，という経験やエピソードが記述されていればよい。

2-②　解説

　　自分自身の取り組みについて，理由や根拠をともなって，自分なりのこだわりをもって物事に取り組んだ，という経験やエピソードが記述されていればよい。

2-③　解説

　　かつての自分自身が興味を持って取り組んでいたこと，夢中になって取り組んでいたことについて記述されていればよい。もしくは，今の自分自身が興味を持って取り組んでいること，夢中になって取り組んでいることが記述されていればよい。

第4章　「学び」について考える

【Work 4】

解説

　このワークの目的は，①現在そしてその先の社会の変化に意識を向けること，②これから成長・発達し，将来の社会で生きていく子どもたちにとって必要な能力について考えることである。保育者や教師は子どもたちを通して将来の社会とつながっている。テキスト以外の資料（各種統計，ニュースなど）を自分たちで調べ，参考にしながら取り組み視野を広げてほしい。

第Ⅱ部　教育の思想と歴史
第5章　西洋の教育思想
【Work 5】
解説

　教育において自分が大切にしてきたことを析出し，その特色を思想家の考えと結びつけて記述されていればよい。

第6章　日本の教育思想
【Work 6】
解説

　教育において自分が大切にしてきたことを析出し，その特色を思想家の考えと結びつけて記述されていればよい。

第7章　近代公教育制度の成立と展開
【Work 7-1】
1　①学制　②教育令　③教育令　④帝国大学令，師範学校令，中学校令，小学校令
　⑤検定　⑥教育に関する勅語（教育勅語）　⑦小学校令　⑧小学校令　⑨4　⑩国定
　⑪小学校令　⑫6　⑬大学令　⑭幼稚園令　⑮国民学校令

【Work 7-2】
1-①　解説

　日本ではまだ，人々の生活の中では近代化が進行しておらず，学校教育の必要性が人々に認識されていなかったことが記述されていればよい。

1-②　解説

　女子に対する教育が必要であると意識されておらず，教育における両性の平等の概念も未発達であったことが記述されていればよい。

2　解説

　新教育運動の実践例について，具体的な教育内容がまとめられていればよい。

第8章　戦後における学校教育の展開
【Work 8-1】
1　①教育基本法　②学校教育法（①と②は順不同）　③教育委員会法

④地方教育行政の組織及び運営に関する法律　⑤日本の成長と教育　⑥臨時教育審議会
⑦生涯学習の振興のための施策の推進体制等の整備に関する法律　⑧学校週5日制
⑨教育基本法

【Work 8-2】

1　解説

　　答申の内容をふまえて，「生きる力」を育むことをねらいとした新しい学力観や学校像が模索されていたことが説明されているとよい。

2　解説

　　①②答申の内容が整理され，まとめられていればよい。

　　③答申で述べられているキーワードを用いながら，自分の考えを述べられていればよい。

第Ⅲ部　教育の環境と現状

第9章　遊びと学び——幼児期から児童期へ

【Work 9-1】

解説

　　それぞれが抱く幼稚園と小学校のイメージを明確にすることが目的である。そのため，絵が苦手な人は，文章で表現してもよい。なぜ，絵に描いたようなイメージを持ったのかも，話し合いを通して考えてほしい。

【Work 9-2】

解説

　　このワークの目的は，①一つの遊びを通して，幼児が多様な能力を発揮していることを理解すること，②幼稚園教育要領や小学校学習指導要領を読むこと，③幼児期から児童期の「学び」のつながりを考えてみることである。上記3点が達成されるように取り組んでほしい。

第10章　子どもの権利と教育・保育

【Work 10】

1　解説

　　まず考えてみてほしいことは、もしあなたが本当に子どもだとしたら保育者・教師に意見を言うことは簡単なことだろうかということである。保育者・教視は子どもが意見を言いやすくするためにどんな配慮ができるだろうか。例えば，意見を言う子ども役の人の顔を見て笑顔で頷きながら話しを聞くなどすると，子どもは話しやすくなるであろう。そして，もし子どもから難しい要望が出た場合はどうしたらよいだろうか。どうやったら実現出来るか一緒に考えたり，あるいは出来ない理由を丁寧に説明したりして子どもに対して丁寧に対応できるとよい。

2　解答例

　　大人が一方的に子どもに最善と思われることを押し付けるのではなく，子どもの必要や要求に耳を傾けて受け止め，子どもの意見を大事にしながらも子どもの発達に応じてその子にとって最

解答・解説——【Work】

善の選択肢を共に考え探す姿勢。

第11章　社会教育と生涯学習

【Work 11】

1　解説

　これまでのあなたの人生において，家庭教育，学校教育，社会教育の各領域で，あなたが教わったあるいは学んだ様々な経験が浮かび上がるのではないだろうか。たくさん浮かび上がる項目もあれば，あまり浮かび上がらない項目もあると思われる。特に社会教育の領域は個人差があるかもしれない。あなた自身の人生を通した教育・学びの経験において共通しているテーマや課題・傾向が浮かび上がってくるかもしれない。このワークの結果から，生涯学習をあなたの経験との関連で考えるきっかけにしてほしい。

2　解説

　あなたが将来「保育者・教師」となって実現したいことやそのビジョンを明確にすることは，あなた自身の生涯における学び（生涯学習）を考えることにつながる。例えば，「常に子どもの声を反映させた授業づくりができる教師になりたい」という方は，子どもの発達上の理解や子どもの意見表明を重視した子ども観に関する学習，また教師である自分自身の教育観や授業観を絶えず変容していく姿勢が求められるであろう。また，将来保育者になった時，「子育てに悩む保護者を支援したい」という思いのある方は，保護者の悩みや思いを傾聴していく姿勢と方法についての学びや，地域での子育て支援の場をどうやって拓いていくのかといった地域課題とその取り組みに関する学びが必要になってくるであろう。

第Ⅳ部　新しい教育の展開

第12章　世界の教育・保育

【Work 12】

1　解答例

　私は特に韓国の保育や教育に興味を持った。幼稚園を担う教育部と保育所を担う保健福祉部に分かれている体制や，カリキュラムが5領域に分かれて定められている点などが日本に類似すると思った。実際の保育や教育の様子を知りたい。（107字）

2　解答例

　OECDの調査報告書を読むなどして日本以外の参加国の勤務時間を確認したり，他の国の勤務体制を調べたりして参考にしたい。その他，日々の保育のなかで子どもと関わる時間以外の事務作業にICTを導入し効率化，見える化を図りたい。また，業務量が偏らないようにチームを組んで個人の負担を軽くするようにしたい。（149字）

第13章　新しい教育・保育の課題と保育者・教師

【Work 13】

1　解答例

　少子化は，①子ども同士の切磋琢磨の機会が減少すること，②親の子どもに対する過保護・過

171

干渉を招きやすくなること，③子育てについての経験や知恵の伝承・共有が困難になること，④学校や地域において一定規模の集団を前提とした教育活動やその他の活動が成立しにくくなること，⑤良い意味での競争心が希薄になることなどの影響を与える。(155字)

2　解答例

　　子どもに関わる全ての関係者が立場を越えて連携・協働する。保育者や教師は幼児保育・教育，そして小学校の両方の学びや生活，対象年齢の子どもの発達の特徴を知識として備えておく。そして0歳から18歳までの学びの連続性に配慮しつつ，「架け橋期」の教育の充実を図り，生涯にわたる学びや生活の基盤をつくることを心掛ける。(153字)

解答・解説

——理解を深める確認問題——

第Ⅰ部　教育の意義と目的

第1章　教育とは何か

①×：教育は，人間のみに見られる行為である。

②○：正しい。

③×：1872（明治5）年の「学制」である。学制の公布によって公教育制度がスタートした。

④×：教育は大切であるが，環境的要因と遺伝的要因が相互に影響しあって発達を支えているので解答は×である。

第2章　学校とは何か

1　解答例

　学校は英語でschoolと書く。これはラテン語のschola，ギリシャ語ではskholeから来ており「余暇」という意味である。「ゆとり」に近い，学問や芸術に専念し幸せな将来を実現するための自由で満ち足りた時間を意味する。「学校」という言葉は余暇を利用して教養を身につける場所としてできた。

2　解答例

　集団の中で個が埋没してしまうことのないよう，一人ひとりのよい点を生かしながらも子ども同士や様々な人と協働し，異なる考え方を尊重しながら学び合っていくような学びのこと。

第3章　魅力ある保育者・教師とは何か

1　解答例

　他者との関わりにおいて，相手を一人の人として尊重し，相手の生き方の理解に努め，相手の身になって考える姿勢。

2　解答例

　自分自身の実践の哲学を持ち，自分の強みを活かしながら，さまざまな専門知識や教養をもって自身の実践を振り返り，改善していく姿勢。

3　解答例

　自己の崇高な使命を深く自覚し，絶えず研究と修養に励み，その職責の遂行に努めること。

第4章　「学び」について考える

①×：正しくは，「現代社会は変化が激しく流動的で先が読めないので，これまで以上に，<u>自分たちで課題を見つけ，周囲の人たちと共に考え，よりよい解決方法を見い出していくことが大切である</u>」。現代社会では，解決策を誰も知らない新しい課題が生じている。そのため，課題を自分や自分たちで見つけ，自分や周囲の人々と共に考え，よりよい解決方法を見い出していくことが大切になる。

173

②○：正しい。

③×：正しくは，「「発達の最近接領域」とは，子どもが自力で解決できる問題のレベルと，自力では解決できないが大人などの援助や指導に従いながらであれば解決できる問題のレベルとの差によって生じる領域のことを指している」。子どもが，今日大人などの援助や指導に従いながら解決できる問題は，明日には自力でできるようになると，ヴィゴツキーは考えた。したがって，子どもに教育的に働きかける時，「発達の最近接領域」に働きかけることが重要である。

④×：正しくは，「「模倣」は，誰にでもできる機械的な活動ではなく，子どもの発達状態や知的能力によって決定される」。「模倣」が，その子どもの発達状態や知的能力によって決定されるのであれば，「模倣」できることと「発達の最近接領域」は重なっていると考えられる。

⑤○：正しい。

第Ⅱ部　教育の思想と歴史
第5章　西洋の教育思想
①×：『エミール』を執筆したのはルソーである。

②○：正しい。

③×：『大教授学』を執筆したのはコメニウスである。

④○：正しい。

⑤×：「タブラ・ラサ」を主張したのはロックである。

第6章　日本の教育思想
①×：『学問のすすめ』を著したのは福沢諭吉である。

②×：芸術教育運動は，子どもの自由な表現を推奨した。

③×：『育ての心』を著したのは倉橋惣三である。

④○：正しい。

⑤○：正しい。

第7章　近代公教育制度の成立と展開
①寺子屋

②学制

③大正新教育運動

第8章　戦後における学校教育の展開
1　①人格

2　②学校教育法　③認定こども園

第Ⅲ部　教育の環境と現状
第9章　遊びと学び――幼児期から児童期へ
1　正しい文章は，①③④⑤。

　②は誤り。正しくは，「幼児期の発達にふさわしい環境を計画的に整えることで，幼児は自分から主体的に環境に関わり，幼児期にふさわしい生活を営むために必要なことを培っていく」。幼児は，

自分の興味や関心，欲求や必要感に基づいた直接的・具体的な経験を通して様々なことを培っていく。そのため，幼児期の教育で大切なことは，幼児期の発達の特性を踏まえ，幼児の興味，関心，欲求，必要感をかきたて思わず手を出したくなるような教育的環境を意図的，計画的に準備することである。

2　正しい文章は，①③⑤。

②は誤り。正しくは，「幼児は遊びを通して学ぶ。そのため保育者は，<u>幼児によって環境の見方や環境との関わり方が異なることを理解し，一人ひとりの幼児が発達に必要な経験を得られるよう</u>，適切に指導することが求められる」。環境の見方や環境との関わり方は幼児によって異なる。そのため保育者は，多様な行動や感じ方をする幼児一人ひとりが，遊びの中で，発達に必要な経験を得られる環境を整え，一人ひとりの発達に応じた指導を行うことが大切である。

④は誤り。正しくは，「幼児の様々な能力は，<u>一つの活動の中で相互に関連して発揮され，総合的に発達していく</u>」。一つの遊びを幼児の一つの能力の発達にのみ結びつけることはできない。一つの遊びの中で発揮される幼児の能力は多様であり相互に関連していて，能力の一つを切り取って考えることはできない。一つの遊びには，幼児の様々な能力の発達を促す経験が含まれている。

第10章　子どもの権利と教育・保育

1　①〇：正しい。

　　②×：1994年

　　③〇：正しい。

　　④×：1900年

　　⑤×：「市民の最善の利益」ではなく「子どもの最善の利益」

2　保護，権利，主体

第11章　社会教育と生涯学習

1　①〇：正しい。

　　②×：「リカレント教育」は，「フロントエンド型」の教育システムを批判し，義務教育もしくは基礎教育を修了した人が，生涯にわたって回帰的な方法によって教育を受けることができる教育システムの構築を目指した。

　　③〇：正しい。

　　④×：成人教育ではなく社会教育が生涯学習社会実現に向けての中核的な役割を担うと示した。

　　⑤〇：正しい。

2　①学校教育　②学習社会　③公民館　④社会教育士　⑤自己決定性

第Ⅳ部　新しい教育の展開

第12章　世界の教育・保育

①○：就学前教育は，子どもが義務教育を受け始める以前に受ける教育のことを指す。対象は出生直後から義務教育開始までである。

②×：初等教育の開始は世界共通で6歳ではない。また，学年の開始時期は4月とは限らない。

③×：TALIS　starting strong（タリススターティングストロング）である。PISAは，生徒の学力を測る国際調査である。

第13章　新しい教育・保育の課題と保育者・教師

①×：外国につながる子どもとは，本人や親の国籍にかかわらず，また，本人の自覚の有無にかかわらず，日本以外の文化的アイデンティティをもつと考えられる子どもで，日本語の不自由さや日本の文化，社会の知識及び経験の不足から，日本での生活，特に学校生活において何らかの困難を抱える子どもを指す。

②○：正しい。

③×：正しくは，アプローチカリキュラムである。スタートカリキュラムは，小学校入学時に取り組むカリキュラムを指す。

おわりに

　本書は，保育者や小学校教諭を目指す皆さんが，乳幼児期から児童期までをつながりとしてとらえる視点をもって「教育原理」を学ぶことを目的としています。

　乳幼児期の教育・保育は，生涯にわたる人格形成の基礎を培う重要なものです。そして乳幼児期は遊びを通して小学校以降の学習の基盤となる芽生えを培う時期であり，小学校においてはその芽生えをさらに伸ばしていくことが必要です。このような幼保小の教育・保育の円滑な接続に関する考え方は，近年広まってきました。

　しかしながら，現在でも保育者養成課程における「教育原理」授業では，ともすると保育所や幼稚園，幼保連携型認定こども園にいる乳幼児の子どもたちとはどこか別の話をしているような感覚で「教育」がとらえられてしまうことがあります。一方で，小学校教員養成課程における「教育原理」では小学校1年生はまっさらなものとして扱われ，それまでの育ちについて言及されることが少ないことも否めません。

　本書では「教育」の定義，思想，歴史，現代的課題などは，乳幼児を含むすべての子どもと呼ばれるすべての存在に関係しているということを意識して各章を執筆しました。皆さんには，幼保小の教育・保育のつながりを意識した様々な活動が，子どもの豊かな体験を生み出し，主体的・対話的で深い学びの実現につながることを心に刻んで保育や教育の現場に出ていただきたいと期待しています。

　最後になりましたが，本書を発刊するにあたり企画・編集に携わりご尽力くださったミネルヴァ書房の長田亜里沙さん，辻橋香織さんに心よりの感謝をしつつ，皆さん一人ひとりが，本書を活用してくださることを願っています。

　2024年11月

編著者　長島万里子

索　引
（＊は人名）

■ あ 行 ■

アヴェロンの野生児　19
『赤い鳥』　74,83
＊赤沢鍾美　80
＊芦田恵之助　74
アプローチカリキュラム　107,155
アマラとカマラ　19
アンドロゴジー　129
生きる力　94
＊伊沢修二　70
一条校　22
『隠者の夕暮』　60
＊ヴィゴツキー，レフ・セミューノヴィチ　49-51
ウェルビーイング　156
『エミール』　59,114
＊及川平治　83
＊小原國芳　73
恩物　60,71

■ か 行 ■

外国につながる子ども　152
＊貝原益軒　68
カウンセリング・マインド　154
学習権　123
学習指導要領　91,95
学習社会　122
学制　18,25,78,79,82
学年暦　135
『学問のすすめ』　69
架け橋プログラム　107
架け橋期　155,156
学校　25-27
学校教育法　89-91
『学校と社会』　62
学校令　79
学校暦　135
キー・コンピテンシー　45,46,123
＊城戸幡太郎　72
＊木下竹次　83
教育　69
教育観　2
教育基本法　88,89,95,124,126
教育制度　134
教育勅語　80,81
教育の目的　27,89
教育令　79
教化　17
教学聖旨　79

■ か 行 ■（続き）

協働的な学び　28,96
キンダーガルテン　60
＊倉橋惣三　71,72
＊ケイ，エレン　61,82,115
形成　17
高等教育　134
国民学校令　84
＊後白河法皇　67
子ども・子育て関連3法　151
こども家庭庁　134
こども基本法　113,152
子どもの家　63
子どもの意見表明権　116-118
子どもの権利条約（児童の権利に関する条約）　112,
　113,115-119
子どもの権利宣言　115
子どもの自由権　118
個別最適な学び　28,96
＊コメニウス，ヨハネス・アモス　20,57
＊コンドルセ，ニコラ・ド　21

■ さ 行 ■

＊沢柳政太郎　73,83
施設症／施設病（ホスピタリズム）　19
自然主義教育　59
自然の教育　20
『児童の世紀』　61,62,115
児童福祉法　91,113
社会教育　124,125,127,128
社会教育士　127
社会教育主事　127
就学前教育　134
＊シュルツ，セオドア　92
小1プロブレム　107
生涯学習　121-128,130
生涯教育　121,124,125
消極教育　20
消極的教育　59
少子化　95,150,156
初等教育　134
新教育運動　62,73
＊鈴木三重吉　83
スタートカリキュラム　107,155
省察的実践　130
成人学習　128,129
成人教育　123,128,129
生理的早産　64
世界人権宣言　115
『世界図絵』　57

＊ソクラテス　56
『育ての心』　71

■　た　行　■

『大教授学』　57
大正新教育運動（大正自由教育運動）　82
タブラ・ラサ　58
多文化教育　153
多文化共生　152
多文化共生保育・教育　153,154
多文化保育　153
中等教育　134
直観教育　60
＊手塚岸衛　83
＊デューイ，ジョン　21,62,73,82
＊デュルケーム，エミール　21
寺子屋　68,77
東京女子師範学校附属幼稚園　78

■　な　行　■

＊中江藤樹　68,77
新潟静修学校　80
日本国憲法　88
＊ノールズ，マルカム　129
＊野口援太郎　83
＊野口幽香　80

■　は　行　■

発達の最近接領域　49,50-52
＊羽仁もと子　73,83
＊ピアジェ，ジャン　64
＊福沢諭吉　69
二葉幼稚園　80
プラグマティズム（実用主義）　62
＊プラトン　21
＊フレーベル，フリードリヒ　60,70,71,82
＊フロイス，ルイス　67
＊ペスタロッチ，ヨハン・ハインリヒ　20,59,70
ペダゴジー　129
保育所保育指針　92,96,101,110
保育要領　92
保母　70

＊ポルトマン，アドルフ　15,64

■　ま　行　■

＊松野クララ　70
＊箕作麟祥　69
無知の知　56
＊モース，エドワード・シルヴェスター　68
＊森有礼　79
＊森島峰　80
森の幼稚園　10
＊モンテッソーリ，マリア　63
モンテッソーリ・メソッド　63

■　や　行　■

野生児　19
＊山上憶良　67
＊山本鼎　74,83
＊ユーゴー，ビクトル　114
誘導保育　71
ゆとり　94
幼稚園教育要領　92,96,101,103,110
幼保小接続　154,155
幼保小連携・接続　155
幼保連携型認定こども園教育・保育要領　95,96,110

■　ら　行　■

＊ラングラン，ポール　121,122
リカレント教育　122,126
＊良寛　67
＊ルソー，ジャン＝ジャック　20,58,114
連合国軍最高司令官総司令部（GHQ）　87
＊ロック，ジョン　58

■　数字・欧文　■

21世紀型能力　45,47,49
ECEC（乳幼児期の教育・保育）　147,148
ICT　47,147
ICT化　47
OECD（経済協力開発機構）　45,123,135,146-148,154
PISA（国際的な学習到達度調査）　94,146
TALIS　146,147

《執筆者紹介》（執筆順，執筆分担，＊は編著者）

＊**柳井　郁子**　はじめに，第1章第1節第2節，第7章，第8章
　　編者紹介欄参照。

酒井　真由子　序章
　　現　在　上田女子短期大学幼児教育学科教授。
　　主　著　岸井慶子・酒井真由子編『保育内容人間関係』建帛社，2018年。
　　　　　　酒井真由子他「保育者養成校における学生の学校経験と実習経験Ⅱ──初年次生と卒業年次生を対象とした質問紙調査（2022年度）の結果から」『上田女子短期大学紀要』第46号，2023年，43-65頁。

＊**長島　万里子**　第1章第3節第4節，第12章，第13章，おわりに
　　編者紹介欄参照。

宇田川　和久　第2章
　　現　在　山村学園短期大学子ども学科学科長・教授。
　　主　著　『特別支援学校 教育実習ガイドブック──インクルーシブ教育時代の教員養成を目指して』（共編著）学苑社，2022年。
　　　　　　「特別支援学校の交流及び共同学習の実践」『特別支援学校新学習指導要領の展開』明治図書，2018年。

横山　草介　第3章
　　現　在　東京都市大学人間科学部人間科学科准教授。
　　主　著　『ブルーナーの方法』溪水社，2019年。
　　　　　　『子どもからはじまる保育の世界』（共著）北樹出版，2018年。

藤枝　充子　第4章，第9章
　　現　在　明星大学教育学部教育学科教授。
　　主　著　『保育内容「言葉」と指導法 理解する・考える・実践する』（共著）齋藤正子編集，中央法規出版，2023年。
　　　　　　『幼児教育史研究の新地平　上巻──近世・近代の子育てと幼児教育』（共著）幼児教育史学会監修，太田恭子・湯川嘉津美編，萌文書林，2021年。

山口　理沙　第5章，第6章
　　現　在　和光大学現代人間学部心理教育学科専任講師。
　　主　著　『新しい保育原理』（共著）広岡義之監修，ミネルヴァ書房，2024年。
　　　　　　『乳幼児の言葉が生まれ・育っていくために 保育内容 言葉』（共著）河合優子監修，アイ・ケイコーポレーション，2024年。

溝田　めぐみ　第10章
　　現　在　香蘭女子短期大学保育学科教授。
　　主　著　「乳幼児教育期における教育実践の基礎」竹石聖子・内山絵美子編著『生活事例からはじめる教育原理（第2版）』青踏社，2021年。
　　　　　　「保育における子どもの人権研究」『香蘭女子短期大学研究紀要』第65号，79-86頁。

大山　博幸　第11章
　　現　在　十文字学園女子大学人間生活学部人間福祉学科教授。
　　主　著　「教育とケアの多層性を生きる教育者/保育者の存在様式についての考察──幼児教育・保育における環境構成概念の検討を通して」『十文字学園女子大学紀要』49，2018年，57-70頁。
　　　　　　「社会福祉・保育領域における対話及び対話的アプローチ」河野他『対話的手法を通したホリスティックな教師教育プログラムの開発と検証』2018-2020年度科学研究費補助金・基盤研究（C），2021年，63-70頁。

《編著者紹介》

柳井　郁子
　2001年　東京大学大学院教育学研究科博士後期課程満期退学。
　1996年　東京大学大学院教育学研究科修士課程修了，修士（教育学）。
　現　在　洗足こども短期大学幼児教育保育科教授。
　主　著　『子どもの未来を拓く　保育者論』（共著）青踏社，2024年。
　　　　　『青年の社会的自立と教育——高度成長期日本における地域・学校・家族』（共著）大月書店，2011年。

長島　万里子
　2015年　東京大学大学院教育学研究科博士後期課程満期退学。
　2008年　ソウル大学大学院教育学研究科修士課程修了，修士（教育学）。
　現　在　洗足こども短期大学幼児教育保育科准教授。
　主　著　『哲学的な考えをいかす　新・保育原理』（共著）教育情報出版，2024年。
　　　　　『発達保育実践政策学のフロントランナー』（共著）中央法規出版，2021年。

保育者・小学校教諭を目指す学生のための
ワークで学ぶ　教育原理

2025年3月31日　初版第1刷発行　　　　　　　〈検印省略〉

定価はカバーに
表示しています

編　著　者	柳	井	郁	子
	長	島	万里	子
発　行　者	杉	田	啓	三
印　刷　者	坂	本	喜	杏

発行所　株式会社　ミネルヴァ書房
607-8494　京都市山科区日ノ岡堤谷町1
電話代表　(075)581-5191
振替口座　01020-0-8076

© 柳井，長島ほか，2025　　冨山房インターナショナル・吉田三誠堂製本

ISBN 978-4-623-09866-8

Printed in Japan

子どもの豊かな育ちを支える保育者論

田中利則 監修　五十嵐裕子・大塚良一・野島正剛 編著
A5判・228頁　本体2800円

実践に活かす保育の心理学

原口喜充 著
B5判・224頁　本体2500円

特別支援教育と障害児の保育・福祉
──切れ目や隙間のない支援と配慮

杉本敏夫・立花直樹・中村明美・松井剛太・井上和久・河崎美香 編著
A5判・336頁　本体2800円

絵で読む教育学入門

広岡義之 著　北村信明 絵
A5判・160頁　本体2200円

幼児期の教育と小学校教育をつなぐ
幼保小の「架け橋プログラム」実践のためのガイド

湯川秀樹・山下文一 監修
B5判・176頁　本体2500円

保育職・教職をめざす人のための保育用語・法規

戸江茂博・隈元泰弘・広岡義之・猪田裕子 編
四六判・380頁　本体2200円

─────── ミネルヴァ書房 ───────
https://www.minervashobo.co.jp/